云在阁经藏

昙鸾大师 道绰大师 文集

〔北魏〕昙鸾 〔唐〕道绰 著
张景岗 点校

九州出版社 JIUZHOUPRESS | 全国百佳图书出版单位

图书在版编目（CIP）数据

昙鸾大师、道绰大师文集 / （北魏）昙鸾，（唐）道绰著；张景岗点校 .—北京：九州出版社，2013.1（2025.06 重印）
ISBN 978-7-5108-1928-5

Ⅰ.①昙… Ⅱ.①昙… ②道… ③张… Ⅲ.①净土宗—中国—南北朝—文集 Ⅳ.① B946.8-53

中国版本图书馆 CIP 数据核字（2013）第 010649 号

昙鸾大师、道绰大师文集

作　　者　（北魏）昙鸾　（唐）道绰　著　张景岗　点校
责任编辑　王文湛　周红斌
装帧设计　张万兴　李永刚
出版发行　九州出版社
地　　址　北京市西城区阜外大街甲 35 号（100037）
发行电话　（010）68992190/3/5/6
网　　址　www.jiuzhoupress.com
印　　刷　三河市兴博印务有限公司
开　　本　720 毫米 ×1020 毫米　16 开
印　　张　19.75　　插页　6P
字　　数　300 千字
版　　次　2014 年 1 月第 1 版
印　　次　2025 年 6 月第 2 次印刷
书　　号　ISBN 978-7-5108-1928-5
定　　价　248.00 元

昙鸾大师像

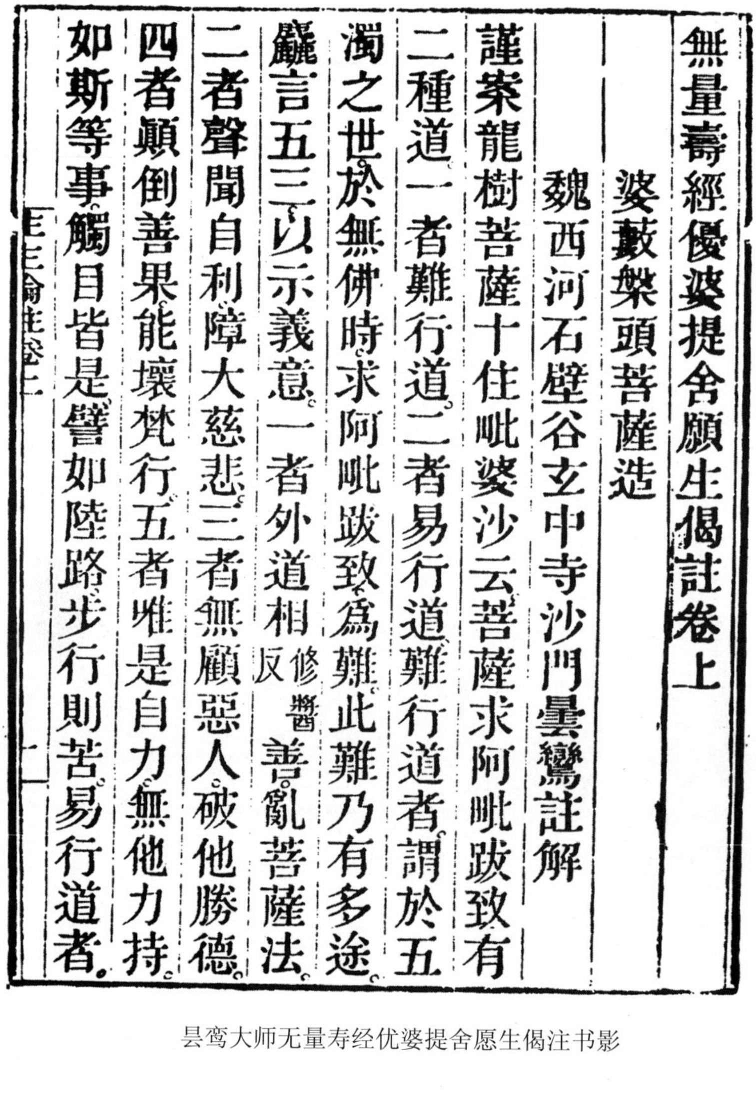
無量壽經優婆提舍願生偈註卷上
婆藪槃頭菩薩造
魏西河石壁谷玄中寺沙門曇鸞註解
謹案龍樹菩薩十住毗婆沙云菩薩求阿毗跋致有
二種道一者難行道二者易行道難行道者謂於五
濁之世於無佛時求阿毗跋致爲難此難乃有多途
麤言五三以示義意一者外道相（修醬反）善亂菩薩法
二者聲聞自利障大慈悲三者無顧惡人破他勝德
四者顛倒善果能壞梵行五者唯是自力無他力持
如斯等事觸目皆是譬如陸路步行則苦易行道者
往生論註卷上　一

昙鸾大师无量寿经优婆提舍愿生偈注书影

道绰大师像

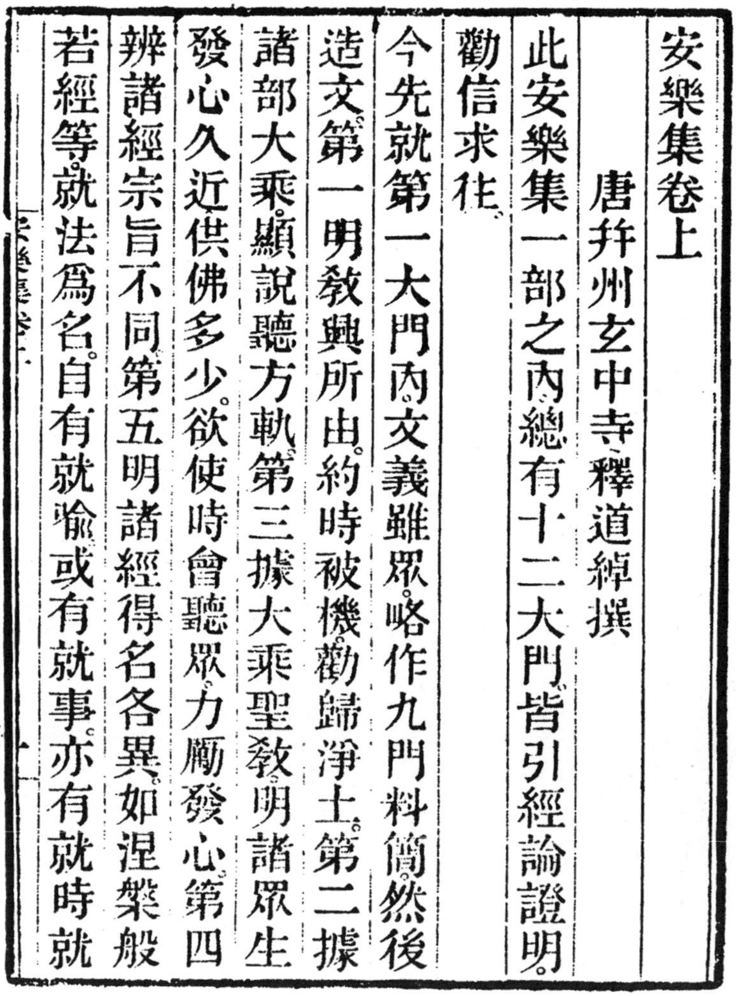

安樂集卷上

唐幷州玄中寺釋道綽撰

此安樂集一部之內總有十二大門皆引經論證明

勸信求往

今先就第一大門內文義雖衆略作九門料簡然後造文第一明教興所由約時被機勸歸淨土第二據諸部大乘顯說聽方軌第三據大乘聖教明諸衆生發心久近供佛多少欲使時會聽衆力勵發心第四辨諸經宗旨不同第五明諸經得名各異如涅槃般若經等就法爲名自有就喻或有就事亦有就時就

道绰大师安乐集书影

玄中寺古刹旧影

玄中寺古刹全景

出版说明

昙鸾（476～542），南北朝时代北魏高僧，净土宗创始人之一。山西雁门人，少年出家，苦节力学，精通诸经，尤其对龙树一系的《中论》、《百论》、《十二门论》、《大智度论》及佛性学说深有研究。后因求长生之法，往江南访陶弘景，得《仙经》十卷，并与梁武帝谈论佛法，受到极高的礼遇。北归途经洛阳，遇印度僧菩提流支，从受《观无量寿佛经》，乃尽弃仙学，专修净土。师兼通内外典籍，四众钦服，东魏孝静帝尊之为“神鸾”，敕住并州大寺，后住汾州玄中寺，弘阐念佛法门。昙鸾大师现存著作有《往生论注》（即《无量寿经优婆提舍愿生偈注》）两卷，及《略论安乐净土义》、《赞阿弥陀佛偈》。印光大师盛赞其所著《往生论注》“妙绝古今”，称其“上继匡庐，下启天台、西河、长安等”，在中国净土宗发展史上占有重要的地位。

道绰（562～645），唐代高僧，净土宗创始人之一。俗姓卫，并州汶水人。十四岁出家，习《大般涅槃经》，曾开讲二十四遍。后移住玄中寺，继承昙鸾大师的净土思想，讲《观无量寿佛经》二百余遍，广劝信众称名念佛，注重实修，感化甚广。贞观年间，善导曾依之修学，后入长安弘扬净土，成为一代祖师。道绰大师著作有《安乐集》两卷，广引经论，劝归净土。

二师著述，经唐末五代十国战乱，至宋代本土已湮没无存，幸唐时已传至东瀛，后收录于《大正藏》、《卍续藏》，今依之点校整理，以飨读者。书后附录天亲菩萨《往生论》（即《无量寿经优婆提舍愿生偈》）、善导《依经明五种增上缘义》、窥基《西方要决释疑通规》、元晓《游心安乐道》、道镜、善道《念佛镜》等净土论著。

九州出版社

二〇一四年一月

目　录

昙鸾大师

道绰大师

附 录

昙鸾大师

无量寿经优婆提舍愿生偈注卷上

婆薮槃头菩萨 造
魏永宁寺北天竺沙门菩提流支 译论
魏西河石壁谷玄中寺沙门昙鸾 注解

谨案龙树菩萨《十住毗婆沙》云：菩萨求阿毗跋致，有二种道，一者难行道，二者易行道。难行道者，谓于五浊之世，于无佛时，求阿毗跋致为难。此难乃有多途，粗言五三，以示义意：一者外道相善，乱菩萨法；二者声闻自利，障大慈悲；三者无赖恶人破他胜德；四者颠倒善果，能坏梵行；五者唯是自力，无他力持。如斯等事，触目皆是。譬如陆路，步行则苦。易行道者，谓但以信佛因缘，愿生净土，乘佛愿力，便得往生彼清净土，佛力住持，即入大乘正定之聚。正定，即是阿毗跋致。譬如水路，乘船则乐。

此《无量寿经优婆提舍》，盖上衍之极致，不退之风航者也。“无量寿”是安乐净土如来别号。释迦牟尼佛在王舍城，及舍卫国，于大众之中，说无量寿佛庄严功德。即以佛名号为经体。后圣者婆薮槃头菩萨，服膺如来大悲之教，傍经作《愿生偈》，复造长行重释。

梵言“优婆提舍”，此间无正名相译，若举一隅，可名为“论”。所以无正名译者，以此间本无佛故。如此间书，就孔子而称“经”。余人制作，皆名为“子”。国史、国纪之徒，各别体例。然佛所说十二部经中，有论议经，名优婆提舍。若复佛诸弟子解佛经教，与佛义相应者，佛亦许名优婆提舍，以入佛法相故。此间云“论”，直是论议而已，岂得正译彼名耶？又如女人，于子称母，于兄云妹，如是等事，皆随义各别。若但以“女”名，泛谈母、妹，乃不失女之大体，岂含尊卑之义乎？此所云“论”，亦复如是，是以仍存梵音，曰“优婆提舍”。

此论始终凡有二重：一是总说分，二是解义分。总说分者，前五言偈尽是。解义分者，“论曰”以下长行尽是。所以为二重者，有二义：偈以颂经，为总摄故；论以释偈，为解义故。

“无量寿”者，言无量寿如来，寿命长远不可思量也。“经”者，常也。言安乐国土佛及菩萨清净庄严功德、国土清净庄严功德，能与众生作大饶益，可常行于世，故名曰经。“优婆提舍”，是佛论议经名。“愿”，是欲乐义。“生”者，天亲菩萨愿生彼安乐净土如来净花中生，故曰愿生。“偈”，是句数义，以五言句略颂佛经，故名为偈。

译“婆薮”云“天”，译“槃头”言“亲”。此人字天亲，事在《付法藏经》。“菩萨”者，若具存梵音，应言“菩提萨埵”。“菩提”者，是佛道名。“萨埵”，或云众生，或云勇健。求佛道众生，有勇猛健志，故名“菩提萨埵”。今但言“菩萨”，译者略耳。“造”，亦作也。庶因人重法，故云某造。是故言“《无量寿经优婆提舍愿生偈》，婆薮槃头菩萨造”。

解论名目竟。

△ 偈中分为五念门，如下长行所释。

△ 第一行四句偈，含有三念门，上三句是礼拜、赞叹门，下一句是作愿门。

△ 第二行，论主自述，我依佛经造论，与佛教相应，所服有宗。何故云此？为成优婆提舍名故，亦是成上三门，起下二门，所以次之说。

△ 从第三行，尽二十三行，是观察门。

△ 末后一行，是回向门。

分偈章门竟。

【世尊我一心，归命尽十方，无碍光如来，愿生安乐国。】

“世尊”者，诸佛通号。论智，则义无不达。语断，则习气无余。智、断具足，能利世间，为世尊重，故曰世尊。此言意归释迦如来。何以得知？下句言“我依修多罗”。天亲菩萨在释迦如来像法之中，顺释迦如来经教，所以愿生。愿生有宗，故知此言归于释迦。若谓此意遍告诸佛，亦复无嫌。夫菩萨归佛，如孝子之归父母，忠臣之归君后，动静非己，出没必由。知恩报德，理宜先启。又所愿不轻，若如来不加威神，将何以达？乞加神力，所以仰告。

“我一心”者，天亲菩萨自督之词，言念无碍光如来，愿生安乐，心心相续，无他想间杂。

问曰：佛法中无我，此中何以称“我”？

答曰：言“我”有三根本，一是邪见语，二是自大语，三是流布语。今言“我”者，天亲菩萨自指之言，用流布语，非邪见、自大也。

“归命尽十方无碍光如来”者，“归命”，即是礼拜门；“尽十方无碍光如来”，即是赞叹门。

何以知“归命”是礼拜？龙树菩萨造《阿弥陀如来赞》中，或言“稽首礼”，或言“我归命”，或言“归命礼”。此《论》长行中，亦言修五念门。五念门中，礼拜是一。天亲菩萨既愿往生，岂容不礼？故知归命即是礼拜。然礼拜但是恭敬，不必归命。归命必是礼拜。若以此推，归命为重。偈申己心，宜言归命。论解偈义，泛谈礼拜。彼此相成，于义弥显。

何以知“尽十方无碍光如来”是赞叹门？下长行中言：“云何赞叹门？谓称彼如来名，如彼如来光明智相，如彼名义，欲如实修行相应故。”依舍卫国所说《无量寿经》，佛解阿弥陀如来名号：“何故号阿弥陀？彼佛光明无量，照十方国，无所障碍，是故号阿弥陀。又彼佛寿命，及其人民，无量无边阿僧祇劫，故名阿弥陀。”

问曰：若言无碍光如来光明无量，照十方国土，无所障碍者，此间众生何以不蒙光照？光有所不照，岂非有碍耶？

答曰：碍属众生，非光碍也。譬如日光周四天下，而盲者不见，非日光不周也。亦如密云洪霔，而顽石不润，非雨不洽也。

若言一佛主领三千大千世界，是声闻论中说。若言诸佛遍领十方无量无边世界，是大乘论中说。天亲菩萨今言“尽十方无碍光如来”，即是依彼如来名，如彼如来光明智相赞叹，故知此句是赞叹门。

“愿生安乐国”者，此一句是作愿门，天亲菩萨归命之意也。其“安乐”义，具在下观察门中。

问曰：大乘经论中，处处说众生毕竟无生如虚空。云何天亲菩萨言愿生耶？

答曰：说众生无生如虚空，有二种：一者如凡夫所谓实众生，如凡夫所见实生死，此所见事，毕竟无所有，如龟毛，如虚空。二者谓诸法因缘生故，即是不生，无所有如虚空。天亲菩萨所愿生者，是因缘义。因缘义故，假名生，非如凡夫谓有实众生、实生死也。

问曰：依何义说往生？

答曰：于此间假名人中，修五念门，前念与后念作因。秽土假名人，净土假名人，不得决定一，不得决定异。前心、后心，亦复如是。何以故？若一则无因果，若异则非相续。是义《观一异门论》中委曲释。

第一行三念门竟。

△ 次成优婆提舍名，又成上起下偈。

【我依修多罗，真实功德相，说愿偈总持，与佛教相应。】

此一行，云何成优婆提舍名，云何成上三门、起下二门。

偈言："我依修多罗"，"与佛教相应"。"修多罗"，是佛经名。我论佛经义，与经相应，以入佛法相故，得名优婆提舍。名成竟。

成上三门、起下二门：何所依，何故依，云何依。何所依者，依修多罗。何故依者，以如来即真实功德相故。云何依者，修五念门相应故。成上起下竟。

"修多罗"者，十二部经中直说者名修多罗，谓四阿含三藏等。三藏外大乘诸经，亦名修多罗。此中言"依修多罗"者，是三藏外大乘修多罗，非《阿含》等经也。

"真实功德相"者，有二种功德：一者从有漏心生，不顺法性，所谓凡夫人天诸善、人天果报，若因若果，皆是颠倒，皆是虚伪，是故名不实功德。二者从菩萨智慧清净业起庄严佛事，依法性入清净相，是法不颠倒、不虚伪，名为真实功德。云何不颠倒？依法性，顺二谛故。云何不虚伪？摄众生入毕竟净故。

“说愿偈总持，与佛教相应”者，“持”名不散不失，“总”名以少摄多，“偈”言五言句数，“愿”名欲乐往生，“说”谓说诸偈论。总而言之，说所愿生偈，总持佛经，与佛教相应。相应者，譬如函盖相称也。

△ 此以下是第四观察门，此门中分为二别：一者观察器世间庄严成就，二者观察众生世间庄严成就。

【观彼世界相，胜过三界道。】

此句以下，至“愿生彼阿弥陀佛国”，是观器世间庄严成就。

观器世间中，复分为十七别，至文当目。

此二句，即是第一事，名为观察庄严清净功德成就。此清净是总相。

佛本所以起此庄严清净功德者，见三界是虚伪相，是轮转相，是无穷相。如蚇蠖循环，如蚕茧自缚。哀哉众生，缔此三界，颠倒不净。欲置众生于不虚伪处，于不轮转处，于不无穷处，得毕竟安乐大清净处，是故起此清净庄严功德也。成就者，言此清净不可破坏，不可污染。非如三界，是污染相，是破坏相也。

“观”者，观察也。“彼”者，彼安乐国也。“世界相”者，彼安乐世界清净相也，其相别在下。

“胜过三界道”。道者，通也。以如此因，得如此果。以如此果，酬如此因。通因至果，通果酬因，故名为道。三界者，一是欲界，所谓六欲天，四天下人、畜生、饿鬼、地狱等是也；二是色界，所谓初禅、二禅、三禅、四禅天等是也；三是无色界，所谓空处、识处、无所有处、非想非非想处天等是也。此三界，盖是生死凡夫流转之暗宅，虽复苦乐小殊，修短暂异，统而观之，莫非有漏。倚伏相乘，循环无际。杂生触受，四倒长拘。且因且果，虚伪相袭。安乐，是菩萨慈悲正观之由生，如来神力本愿之所建。胎、卵、湿生，缘兹高揖。业系长维，从此永断。续括之权，不待劝而弯弓。劳谦善让，齐普贤而同德。胜过三界，抑是近言。

【究竟如虚空，广大无边际。】

此二句，名庄严量功德成就。

佛本所以起此庄严量功德者，见三界狭小，堕陉陪陼，或宫观迫迮，或土田逼隘，或志求路促，或山河隔障，或国界分部，有如此等种种拘局事，是故菩萨兴此庄严量功德愿："愿我国土，如虚空广大无际。"

"如虚空"者，言来生者虽众，犹若无也。"广大无际"者，成上"如虚空"义。何故如虚空？以广大无际故。成就者，言十方众生往生者，若已生，若今生，若当生，虽无量无边，毕竟常如虚空，广大无际，终无满时。是故言："究竟如虚空，广大无边际。"

问曰：如维摩方丈，苞容有余。何必国界无赀，乃称广大？

答曰：所言广大，非必以畦畹为喻，但言如空，亦何累方丈？又方丈之所苞容，在狭而广。核论果报，岂若在广而广耶？

【正道大慈悲，出世善根生。】

此二句，名庄严性功德成就。

佛本何故起此庄严？见有国土，以爱欲故，则有欲界。以攀厌禅定故，则有色、无色界。此三界皆是有漏邪道所生，长寝大梦，莫知悕出。是故兴大悲心：“愿我成佛，以无上正见道，起清净土，出于三界。”

“性”是“本”义，言此净土随顺法性，不乖法本，事同《华严经》宝王如来性起义。又言积习成性，指法藏菩萨集诸波罗蜜积习所成。亦言“性”者是圣种性，序法藏菩萨于世自在王佛所，悟无生法忍，尔时位名圣种性，于是性中，发四十八大愿，修起此土，即曰安乐净土，是彼因所得，果中说因，故名为“性”。又言“性”是必然义、不改义。如海性一味，众流入者必为一味，海味不随彼改也。又如人身性不净故，种种妙好色香美味，入身皆为不净。安乐净土诸往生者，无不净色，无不净心，毕竟皆得清净平等无为法身，以安乐国土清净性成就故。

“正道大慈悲出世善根生”者，平等大道也。平等道所以名为正道者，平等是诸法体相。以诸法平等，故发心等。发心等，故道等。道等，故大慈悲等。大慈悲是佛道正因，故言“正道大慈悲”。慈悲有三缘：一者众生缘，是小悲；二者法缘，是中悲；三者无缘，是大悲。大悲即出世善也。安乐净土从此大悲生故，故谓此大悲为净土之根，故曰“出世善根生”。

【净光明满足，如镜日月轮。】

此二句，名庄严形相功德成就。

佛本所以起此庄严功德者，见日行四域，光不周三方；庭燎在宅，明不满十仞。以是故起满净光明愿。如日月光轮，满足自体。彼安乐净土，虽复广大无边，清净光明无不充塞。故曰：“净光明满足，如镜日月轮。”

【备诸珍宝性，具足妙庄严。】

此二句，名庄严种种事功德成就。

佛本何故起此庄严？见有国土以泥土为宫饰，以木石为华观。或雕金镂玉，意愿不充。或营备百千，具受辛苦。以此故兴大悲心：“愿我成佛，必使珍宝具足，严丽自然，相忘于有余，自得于佛道。”此庄严事，纵使毗首羯磨，工称妙绝，积思竭想，岂能取图？

“性”者，“本”义也。能生既净，所生焉得不净？故经言：“随其心净，则佛土净。”是故言：“备诸珍宝性，具足妙庄严。”

【无垢光焰炽，明净曜世间。】

此二句，名庄严妙色功德成就。

佛本何故起此庄严？见有国土，优劣不同。以不同故，高下以形。高下既形，是非以起。是非既起，长沦三有。是故兴大悲心，起平等愿：“愿我国土，光焰炽盛，第一无比。不如人天金色，能有夺者。”若为相夺？如明镜在金边则不现；今日时中金，比佛在时金则不现；佛在时金，比阎浮那金则不现；阎浮那金，比大海中转轮王道中金沙则不现；转轮王道中金沙，比金山则不现；金山比须弥山金则不现；须弥山金，比三十三天璎珞金则不现；三十三天璎珞金，比焰摩天金则不现；焰摩天金，比兜率陀天金则不现；兜率陀天金，比化自在天金则不现；化自在天金，比他化自在天金则不现；他化自在天金，比安乐国中光明则不现。所以者何？彼土金光从绝垢业生故，清净无不成就故。安乐净土，是无生忍菩萨净业所起，阿弥陀如来法王所领，阿弥陀如来为增上缘故。是故言：“无垢光焰炽，明净曜世间。”曜世间者，曜二种世间也。

【宝性功德草，柔软左右旋，触者生胜乐，过迦旃邻陀。】

此四句，名庄严触功德成就。

佛本何故起此庄严？见有国土，虽宝重金玉，不得为衣服。珍玩明镜，无议于敷具。斯缘悦于目，不便于身也。身、眼二情，岂弗矛盾乎？是故愿言：“使我国土，人天六情，和于水乳，卒去楚越之劳。”所以七宝柔软，悦目便身。

迦旃邻陀者，天竺柔软草名也，触之者能生乐受，故以为喻。注者言：此间土石草木，各有定体。译者何缘目彼宝为草耶？当以其菵茸蓁葕，故以草目之耳。余若参译，当别有途。

生胜乐者。触迦旃邻陀，生染着乐。触彼软宝，生法喜乐。二事相悬，非胜如何？是故言：“宝性功德草，柔软左右旋，触者生胜乐，过迦旃邻陀。”

【宝花千万种，弥覆池流泉，微风动花叶，交错光乱转。】

此四句，名庄严水功德成就。

佛本何故起此愿？见有国土，或溎溺洪涛，滓沫惊人。或凝澌泱濼，蹙枷怀忒。向无安悦之情，背有恐值之虑。菩萨见此，兴大悲心：“愿我成佛，所有流泉池沼，与宫殿相称。种种宝花，布为水饰。微风徐扇，映发有序。开神悦体，无一不可。”是故言：“宝花千万种，弥覆池流泉，微风动花叶，交错光乱转。”

【宫殿诸楼阁，观十方无碍，杂树异光色，宝栏遍围绕。】

此四句，名庄严地功德成就。

佛本何故起此庄严？见有国土，嶕峣峻岭，枯木横岑。岿嵑陉嶙，莤茅盈壑。茫茫沧海，为绝目之川。菵菵广泽，为无踪之所。菩萨见此，兴大悲愿：“愿我国土，地平如掌。宫殿楼阁，镜纳十方。的无所属，亦非不属。宝树宝栏，互为映饰。”是故言：“宫殿诸楼阁，观十方无碍，杂树异光色，宝栏遍围绕。”

【无量宝交络，罗网遍虚空，种种铃发响，宣吐妙法音。】

此四句，名庄严虚空功德成就。

佛本何故起此庄严？见有国土，烟云尘雾，蔽障太虚。震烈轰霍，从上而堕。不祥灾霓，每自空来。忧虑百端，为之毛竖。菩萨见此，兴大悲心：“愿我国土，宝网交络，罗遍虚空。铃铎宫商，鸣宣道法。视之无厌，怀道见德。”是故言：“无量宝交络，罗网遍虚空，种种铃发响，宣吐妙法音。”

【雨花衣庄严，无量香普熏。】

此二句，名庄严雨功德成就。

佛本何故兴此庄严？见有国土，欲以服饰布地，延请所尊，或欲以香花、名宝，用表恭敬，而业贫感薄，是事不果。是故兴大悲愿：“愿我国土，常雨此物，满众生意。”

何故以雨为言？恐取着云：“若常雨花、衣，亦应填塞虚空，何缘不妨？”是故以雨为喻，雨适时则无洪滔之患，安乐报岂有累情之物乎？经言：“日夜六时，雨宝衣，雨宝花。宝质柔软，履践其上，则下四寸。随举足时，还复如故。用讫入宝地，如水入坎。”是故言：“雨花衣庄严，无量香普熏。”

【佛慧明净日，除世痴暗冥。】

此二句，名庄严光明功德成就。

佛本何故兴此庄严？见有国土，虽复项背日光，而为愚痴所暗。是故愿言："使我国土所有光明，能除痴暗，入佛智慧，不为无记之事。"亦云安乐国土光明，从如来智慧报起，故能除世暗冥。经言："或有佛土，以光明为佛事。"即是此也。故言："佛慧明净日，除世痴暗冥。"

【梵声悟深远，微妙闻十方。】

此二句，名庄严妙声功德成就。

佛本何故兴此愿？见有国土，虽有善法，而名声不远。有名声虽远，复不微妙。有名声妙远，复不能悟物。是故起此庄严。

天竺国称净行为"梵行"，称妙辞为"梵言"。彼国贵重梵天，多以"梵"为赞。亦言中国法与梵天通故也。"声"者，名也。名谓安乐土名。经言："若人但闻安乐净土之名，欲愿往生，亦得如愿。"此名悟物之证也。《释论》言："如斯净土，非三界所摄。何以言之？无欲故，非欲界。地居故，非色界。有色故，非无色界。盖菩萨别业所致耳。"出有而有曰"微"（出有者，谓出三有；而有者，谓净土有也），名能开悟曰"妙"。是故言："梵声悟深远，微妙闻十方。"

【正觉阿弥陀，法王善住持。】

此二句，名庄严主功德成就。

佛本何故兴此愿？见有国土，罗刹为君，则率土相啖；宝轮驻殿，则四域无虞。譬之风靡，岂无本耶？是故兴愿：“愿我国土，常有法王，法王善力之所住持。”住持者，如黄鹄持子安，千龄更起；鱼母念持子，经泶不坏。安乐国为正觉善持，其国岂有非正觉事耶？是故言：“正觉阿弥陀，法王善住持。”

【如来净花众，正觉花化生。】

此二句，名庄严眷属功德成就。

佛本何故兴此愿？见有国土，或以胞血为身器，或以粪尿为生元。或槐棘高圻，出猜狂之子。或竖子婢腹，出卓荦之才。讥诮由之怀火，耻辱缘以抱冰。所以愿言：“使我国土，悉于如来净花中生，眷属平等，与夺无路。”故言：“如来净花众，正觉花化生。”

【爱乐佛法味，禅三昧为食。】

此二句，名庄严受用功德成就。

佛本何故兴此愿？见有国土，或探巢破卵，为馔饶之膳。或悬沙指袋，为相慰之方。呜呼诸子，实可痛心。是故兴大悲愿：“愿我国土，以佛法、以禅定、以三昧为食，永绝他食之劳。”

爱乐佛法味者，如日月灯明佛说《法华经》六十小劫，时会听者亦坐一处，六十小劫谓如食顷，无有一人若身若心而生懈倦。以禅定为食者，谓诸大菩萨常在三昧，无他食也。三昧者，彼诸人天若须食时，百味嘉肴罗列在前，眼见色，鼻闻香，身受适悦，自然饱足，讫已化去，若须复现，其事在经。是故言：“爱乐佛法味，禅三昧为食。”

【永离身心恼，受乐常无间。】

此二句，名庄严无诸难功德成就。

佛本何故兴此愿？见有国土，或朝预衮宠，夕惶斧钺。或幼舍蓬藜，长列方丈。或鸣笳道出，历经催还。有如是等种种违夺。是故愿言：“使我国土，安乐相续，毕竟无间。”身恼者，饥渴、寒热、杀害等也。心恼者，是非、得失、三毒等也。是故言：“永离身心恼，受乐常无间。”

【大乘善根界，等无讥嫌名，女人及根缺，二乘种不生。】

此四句，名庄严大义门功德成就。门者，通大义之门也。大义者，大乘所以也。如人造城，得门则入。若人得生安乐者，是则成就大乘之门也。

佛本何故兴此愿？见有国土，虽有佛如来、贤圣等众，由国浊故，分一说三。或以拓眉致诮，或缘指语招讥。是故愿言：“使我国土，皆是大乘一味，平等一味。根败种子，毕竟不生。女人、残缺，名字亦断。”是故言：“大乘善根界，等无讥嫌名，女人及根缺，二乘种不生。”

问曰：案王舍城所说《无量寿经》，法藏菩萨四十八愿中言："设我得佛，国中声闻，有能计量知其数者，不取正觉。"是有声闻一证也。又《十住毗婆沙》中，龙树菩萨造《阿弥陀赞》云："超出三界狱，目如莲花叶，声闻众无量，是故稽首礼。"是有声闻二证也。又《摩诃衍论》中言："佛土种种不同。或有佛土，纯是声闻僧。或有佛土，纯是菩萨僧。或有佛土，菩萨、声闻会为僧，如阿弥陀安乐国等是也。"是有声闻三证也。诸经中有说安乐国处，多言有声闻，不言无声闻。声闻即是二乘之一。《论》言乃至无二乘名，此云何会？

答曰：以理推之，安乐净土不应有二乘。何以言之？夫有病则有药，理数之常也。《法华经》言："释迦牟尼如来，以出五浊世故，分一为三。"净土既非五浊，无三乘明矣。《法华经》道诸声闻："是人于何而得解脱？但离虚妄，名为解脱。是人实未得一切解脱，以未得无上道故。"核推此理，阿罗汉既未得一切解脱，必应有生。此人更不生三界，三界外除净土更无生处，是以唯应于净土生。如言声闻者，是他方声闻来生，仍本名故，称为声闻。如天帝释生人中时，姓憍尸迦，后虽为天主，佛欲使人知其由来，与帝释语时，犹称憍尸迦，其此类也。又此《论》但言"二乘种不生"，谓安乐国不生二乘种子，亦何妨二乘来生耶？譬如橘栽不生江北，河洛果肆亦见有橘。又言鹦鹉不渡陇西，赵魏架桁亦有鹦鹉。此二物但言其种不渡。彼有声闻亦如是，作如是解，经、论则会。

问曰：名以召事，有事乃有名。安乐国既无二乘、女人、根缺之事，亦何须复言无此三名耶？

答曰：如软心菩萨，不甚勇猛，讥言声闻。如人谄曲，或复佇弱，讥言女人。又如眼虽明而不识事，讥言盲人。又如耳虽聪而听义不解，讥言聋人。又如舌虽语而讷口謇吃，讥言哑人。有如是等，根虽具足，而有讥嫌之名。是故须言乃至无名，明净土无如是等与夺之名。

问曰：寻法藏菩萨本愿，及龙树菩萨所赞，皆似以彼国声闻众多为奇，此有何义？

答曰：声闻以实际为证，计不应更能生佛道根芽。而佛以本愿不可思议神力，摄令生彼，必当复以神力生其无上道心。譬如鸩鸟入水，鱼蚌咸死。犀牛触之，死者皆活。如此不应生而生，所以可奇。然五不思议中，佛法最不可思议。佛能使声闻复生无上道心，真不可思议之至也。

【众生所愿乐，一切能满足。】

此二句，名庄严一切所求满足功德成就。

佛本何故兴此愿？见有国土，或名高位重，潜处无由。或人凡姓鄙，悕出靡路。或修短系业，制不在己，如阿私陀仙人类也。有如是等为业风所吹，不得自在。是故愿言："使我国土，各称所求，满足情愿。"是故言："众生所愿乐，一切能满足。"

【是故愿生彼，阿弥陀佛国。】

此二句，结成上观察十七种庄严国土成就，所以愿生。

释器世间清净，讫之于上。

△ 次观众生世间清净，此门中分为二别：一者观察阿弥陀如来庄严功德，二者观察彼诸菩萨庄严功德。

△ 观察如来庄严功德中有八种，至文当目。

问曰：有论师泛解“众生”名义，以其轮转三有，受众多生死，故名众生。今名佛、菩萨为众生，是义云何？

答曰：经言：“一法有无量名，一名有无量义。”如以受众多生死故名为“众生”者，此是小乘家释三界中众生名义，非大乘家众生名义也。大乘家所言“众生”者，如《不增不减经》言：“言众生者，即是不生不灭义。”何以故？若有生，生已复生，有无穷过故，有不生而生过故，是故无生。若有生，可有灭。既无生，何得有灭？是故无生无灭，是“众生”义。如经中言：“五受阴通达空无所有，是苦义。”斯其类也。

【无量大宝王，微妙净花台。】

此二句，名庄严座功德成就。

佛本何故庄严此座？见有菩萨，于末后身，敷草而坐，成阿耨多罗三藐三菩提。人天见者，不生增上信、增上恭敬、增上爱乐、增上修行。是故愿言：“我成佛时，使无量大宝王微妙净花台以为佛座。”

无量者，如《观无量寿经》言：“七宝地上，有大宝莲花王座。莲花一一叶作百宝色，有八万四千脉，犹如天画，脉有八万四千光。花叶小者，纵广二百五十由旬。如是花有八万四千叶，一一叶间，有百亿摩尼珠王以为映饰。一一摩尼放千光明，其光如盖，七宝合成，遍覆地上。释迦毗楞伽宝以为其台，此莲花台，八万金刚甄叔迦宝、梵摩尼宝、妙真珠网，以为校饰。于其台上，自然而有四柱宝幢。一一宝幢，如百千万亿须弥山。幢上宝幔，如夜摩天宫。有五百亿微妙宝珠以为映饰。一一宝珠，有八万四千光。一一光，作八万四千异种金色。一一金色，遍安乐宝土，处处变化，各作异相，或为金刚台，或作真珠网，或作杂花云。于十方面，随意变现，施作佛事。”如是等事，出过数量。是故言：“无量大宝王，微妙净花台。”

【相好光一寻，色像超群生。】

此二句，名庄严身业功德成就。

佛本何故庄严如此身业？见有佛身，受一丈光明。于人身光，不甚超绝。如转轮王相好亦大同。提婆达多所减唯二，致令阿阇世王以兹惑乱。删阇耶等敢如螳螂，或如此类也。是故庄严如此身业。

案此间诂训，六尺曰寻。如《观无量寿经》言：“阿弥陀如来身高六十万亿那由他恒河沙由旬，佛圆光如百亿三千大千世界。”译者以“寻”而言，何其晦乎？里舍间人，不简纵横长短，咸谓横舒两手臂为寻。若译者或取此类，用准阿弥陀如来舒臂为言，故称一寻者，圆光亦应径六十万亿那由他恒河沙由旬。是故言：“相好光一寻，色像超群生。”

问曰：《观无量寿经》言：“诸佛如来是法界身，入一切众生心想中。是故汝等心想佛时，是心即是三十二相、八十随形好。是心作佛，是心是佛。诸佛正遍知海，从心想生。”是义云何？

答曰：身名集成，界名事别。如眼界缘根、色、空、明、作意五因缘生，名为眼界。是眼但自行己缘，不行他缘，以事别故。耳、鼻等界亦如是。言“诸佛如来是法界身”者，法界是众生心法也。以心能生世间、出世间一切诸法，故名心为法界。法界能生诸如来相好身，亦如色等能生眼识，是故佛身名法界身。是身不行他缘，是故入一切众生心想中。

“心想佛时，是心即是三十二相、八十随形好”者，当众生心想佛时，佛身相好，显现众生心中也。譬如水清则色像现，水之与像，不一不异。故言佛相好身即是心想也。

“是心作佛”者，言心能作佛也。“是心是佛”者，心外无佛也。譬如火从木出，火不能离木也。以不离木故，则能烧木。木为火烧，木即为火也。

“诸佛正遍知海从心想生”者。正遍知者，真正如法界而知也。法界无相，故诸佛无知也。以无知，故无不知也。无知而知者，是正遍知也。是知深广不可测量，故譬海也。

【如来微妙声，梵响闻十方。】

此二句，名庄严口业功德成就。

佛本何故兴此庄严？见有如来，名似不尊。如外道轵人，称瞿昙姓。成道日声，唯彻梵天。是故愿言："使我成佛，妙声遐布，闻者悟忍。"是故言："如来微妙声，梵响闻十方。"

【同地水火风，虚空无分别。】

此二句，名庄严心业功德成就。

佛本何故兴此庄严？见有如来说法云：此黑此白，此不黑不白，下法、中法、上法、上上法。有如是等无量差别品，似有分别。是故愿言："使我成佛，如地荷负，无轻重之殊。如水润长，无莸（恶草）萿（瑞草）之异。如火成熟，无芳臭之别。如风起发，无眠寤之差。如空苞受，无开塞之念。得之于内，物安于外。虚往实归，于是乎息。"是故言："同地水火风，虚空无分别。"

【天人不动众，清净智海生。】

此二句，名庄严大众功德成就。

佛本何故起此庄严？见有如来说法轮下，所有大众诸根性欲种种不同，于佛智慧若退若没，以不等故，众不纯净。所以兴愿："愿我成佛，所有天人皆从如来智慧清净海生。"海者，言佛一切种智深广无涯，不宿二乘、杂善中下死尸，喻之如海。是故言："天人不动众，清净智海生。"不动者，言彼天人成就大乘根，不可倾动也。

【如须弥山王，胜妙无过者。】

此二句，名庄严上首功德成就。

佛本何故起此愿？见有如来众中，或有强梁者，如提婆达多流比。或有国王与佛并治，不知甚推佛。或有请佛，以他缘废忘。有如是等，似上首力不成就。是故愿言："我为佛时，愿一切大众无能生心敢与我等，唯一法王，更无俗王。"是故言："如须弥山王，胜妙无过者。"

【天人丈夫众，恭敬绕瞻仰。】

此二句，名庄严主功德成就。

佛本何故起此庄严？见有佛如来，虽有大众，众中亦有不甚恭敬。如一比丘语释迦牟尼佛："若不与我解十四难，我当更学余道。"亦如居迦离谤舍利弗，佛三语而三不受。又如诸外道辈，假入佛众，而常伺求佛短。又如第六天魔，常于佛所，作诸留难。有如是等种种不恭敬相。是故愿言："使我成佛，天人大众恭敬无倦。"所以但言天人者，净土无女人及八部鬼神故也。是故言："天人丈夫众，恭敬绕瞻仰。"

【观佛本愿力，遇无空过者，能令速满足，功德大宝海。】

此四句，名庄严不虚作住持功德成就。

佛本何故起此庄严？见有如来，但以声闻为僧，无求佛道者。或有值佛而不免三途，善星、提婆达多、居迦离等是也。又人闻佛名号，发无上道心，遇恶因缘，退入声闻、辟支佛地者。有如是等空过者，退没者。是故愿言："使我成佛时，值遇我者，皆速疾满足无上大宝。"是故言："观佛本愿力，遇无空过者，能令速满足，功德大宝海。"住持义如上。

观佛庄严八种功德，讫之于上。

△ 次观安乐国诸大菩萨四种庄严功德成就。

问曰：观如来庄严功德，何所阙少，复须观菩萨功德耶？

答曰：如有明君，则有贤臣。尧舜之称无为，是其比也。若使但有如来法王，而无大菩萨法臣，于翼赞道，岂足云满？亦如薪积小，则火不大。如经言，阿弥陀佛国有无量无边诸大菩萨，如观世音、大势至等，皆当一生于他方次补佛处。若人称名忆念者、归依者、观察者，如《法华经·普门品》说，无愿不满。然菩萨爱乐功德，如海吞流，无止足情。亦如释迦牟尼如来，闻一目暗比丘吁言："谁爱功德，为我维针？"尔时如来从禅定起，来到其所，语言："我爱福德。"遂为其维针。尔时失明比丘暗闻佛语声，惊喜交集，白佛言："世尊！

世尊功德犹未满耶？”佛报言：“我功德圆满，无所复须。但我此身从功德生，知功德恩分故，是故言爱。”如所问观佛功德，实无愿不充。所以复观菩萨功德者，有如上种种义故耳。

【安乐国清净，常转无垢轮，化佛菩萨日，如须弥住持。】

佛本何故起此庄严？见有佛土，但是小菩萨，不能于十方世界广作佛事，或但声闻、人、天，所利狭小。是故兴愿：“愿我国中，有无量大菩萨众，不动本处，遍至十方，种种应化，如实修行，常作佛事。”譬如日在天上，而影现百川，日岂来耶？岂不来耶？如《大集经》言：“譬如有人善治堤塘，量其所宜，及放水时，不加心力。菩萨亦如是，先治一切诸佛及众生应供养、应教化种种堤塘，及入三昧，身心不动，如实修行，常作佛事。”如实修行者，虽常修行，实无所修行也。是故言：“安乐国清净，常转无垢轮，化佛菩萨日，如须弥住持。”

【无垢庄严光，一念及一时，普照诸佛会，利益诸群生。】

佛本何故起此庄严？见有如来眷属，欲供养他方无量诸佛，或欲教化无量众生，此没彼出，先南后北，不能以一念一时，放光普照，遍至十方世界教化众生，有出没、前后相故。是故兴愿：“愿我佛土诸大菩萨，于一念时顷，遍至十方，作种种佛事。”是故言：“无垢庄严光，一念及一时，普照诸佛会，利益诸群生。”

问曰：上章云身不动摇，而遍至十方。不动而至，岂非是一时义耶？与此若为差别？

答曰：上但言不动而至，或容有前后。此言无前无后，是为差别，亦是成上不动义。若不一时，则是往来。若有往来，则非不动。是故为成上不动义故，须观一时。

【雨天乐花衣，妙香等供养，赞诸佛功德，无有分别心。】

佛本何故起此庄严？见有佛土，菩萨、人、天志趣不广，不能遍至十方无穷世界，供养诸佛如来大众。或以己土秽浊，不敢向诣净乡。或以所居清净，鄙薄秽土。以如此等种种局分，于诸佛如来所，不能周遍供养，发起广大善根。是故愿言："我成佛时，愿我国土一切菩萨、声闻、天人大众，遍至十方一切诸佛大会处所，雨天乐、天花、天衣、天香，以巧妙辩辞，供养赞叹诸佛功德。"虽叹秽土如来大慈谦忍，不见佛土有杂秽相。虽叹净土如来无量庄严，不见佛土有清净相。何以故？以诸法等故，诸如来等，是故诸佛如来名为等觉。若于佛土起优劣心，假使供养如来，非法供养也。是故言："雨天乐花衣，妙香等供养，赞诸佛功德，无有分别心。"

【何等世界无，佛法功德宝，我愿皆往生，示佛法如佛。】

佛本何故起此愿？见有软心菩萨，但乐有佛国土修行，无慈悲坚牢心。是故兴愿："愿我成佛时，我土菩萨皆慈悲勇猛，坚固志愿，能舍清净土，至他方无佛法僧处，住持庄严佛法僧宝，示如有佛，使佛种处处不断。”是故言：“何等世界无，佛法功德宝，我愿皆往生，示佛法如佛。”

观菩萨四种庄严功德成就，讫之于上。

△ 次下四句，是回向门。

【我作论说偈，愿见弥陀佛，普共诸众生，往生安乐国。】

此四句，是论主回向门。回向者，回己功德，普施众生，共见阿弥陀如来，生安乐国。

【《无量寿修多罗》章句，我以偈颂总说竟。】

问曰：天亲菩萨回向章中言：“普共诸众生，往生安乐国。”此指共何等众生耶？

答曰：案王舍城所说《无量寿经》，佛告阿难：“十方恒河沙诸佛如来，皆共称叹无量寿佛威神功德不可思议。诸有众生闻其名号，信心欢喜，乃至一念至心回向，愿生彼国，即得往生，住不退转。唯除五逆、诽谤正法。”案此而言，一切外凡夫人皆得往生。又如《观无量寿经》有九品往生，下下品生者：“或有众生作不善业，五逆十恶，具诸不善。如此愚人，以恶业故，应堕恶道，经历多劫，受苦无穷。如此愚人，临命终时，遇善知识，种种安慰，为说妙法，教令念佛。此人苦逼，不遑念佛。善友告言：‘汝若不能念者，应称无量寿佛。’如是至心令声不绝，具足十念，称‘南无阿弥陀佛’。称佛名故，于念念中，除八十亿劫生死之罪。命终之时，见金莲花，犹如日轮，住其人前。如一念顷，即得往生极乐世界。于莲花中，满十二大劫，莲花方开（当以此消五逆罪也）。观世音、大势至，以大悲音声，为其广说诸法实相除灭罪法。闻已欢喜，应时即发菩提之心。是名下品下生者。”以此经证，明知下品凡夫，但令不诽谤正法，信佛因缘，皆得往生。

问曰：《无量寿经》言：愿往生者，皆得往生，唯除五逆、诽谤正法。《观无量寿经》言：作五逆十恶，具诸不善，亦得往生。此二经云何会？

答曰：一经以具二种重罪，一者五逆，二者诽谤正法，以此二种罪故，所以不得往生。一经但言作十恶五逆等罪，不言诽谤正法，以不谤正法故，是故得生。

问曰：假使一人具五逆罪，而不诽谤正法，经许得生。复有一人但诽谤正法，而无五逆诸罪，愿往生者，得生与否？

答曰：但令诽谤正法，虽更无余罪，必不得生。何以言之？经言：五逆罪人堕阿鼻大地狱中，具受一劫重罪。诽谤正法人堕阿鼻大地狱中，此劫若尽，复转至他方阿鼻大地狱中，如是展转经百千阿鼻大地狱，佛不记得出时节，以诽谤正法罪极重故。又正法者，即是佛法。此愚痴人既生诽谤，安有愿生佛土之理？假使但贪彼土安乐而愿生者，亦如求非水之冰，无烟之火，岂有得理？

问曰：何等相是诽谤正法？

答曰：若言无佛、无佛法，无菩萨、无菩萨法，如是等见，若心自解，若从他受，其心决定，皆名诽谤正法。

问曰：如是等计，但是己事，于众生有何苦恼，逾于五逆重罪耶？

答曰：若无诸佛菩萨说世间、出世间善道，教化众生者，岂知有仁、义、礼、智、信耶？如是世间一切善法皆断，出世间一切贤圣皆灭。汝但知五逆罪为重，而不知五逆罪从无正法生，是故谤正法人，其罪最重。

问曰：《业道经》言："业道如秤，重者先牵。"如《观无量寿经》言：有人造五逆十恶，具诸不善，应堕恶道，经历多劫，受无量苦。临命终时，遇善知识，教称"南无阿弥陀佛"，如是至心令声不绝，具足十念，便得往生安乐净土，即入大乘正定之聚，毕竟不退，与三途诸苦永隔。先牵之义，于理如何？又旷劫以来，备造诸行有漏之法，系属三界，但以十念念阿弥陀佛，便出三界。系业之义，复欲云何？

答曰：汝谓五逆十恶系业等为重，以下下品人十念为轻，应为罪所牵，先堕地狱，系在三界者。今当以义较量，轻重之义，在心，在缘，在决定，不在时节久近多少也。

云何在心？彼造罪人，自依止虚妄颠倒见生。此十念者，依善知识方便安慰，闻实相法生。一实一虚，岂得相比？譬如千岁暗室，光若暂至，即便明朗，暗岂得言在室千岁而不去耶？是名在心。

云何在缘？彼造罪人，自依止妄想心，依烦恼虚妄果报众生生。此十念者，依止无上信心，依阿弥陀如来方便庄严真实清净无量功德名号生。譬如有人被毒箭所中，截筋破骨，闻灭除药鼓，即箭出毒除。（《首楞严经》言："譬如有药，名曰灭除。若斗战时，用以涂鼓，闻鼓声者，箭出毒除。菩萨摩诃萨亦复如是，住首楞严三昧，闻其名者，三毒之箭自然拔出。"）岂可得言彼箭深毒厉，闻鼓音声不能拔箭去毒耶？是名在缘。

云何在决定？彼造罪人，依止有后心、有间心生。此十念者，依止无后心、无间心生。是名决定。

较量三义，十念者重，重者先牵，能出三有。两经一义耳。

问曰：几时名为一念？

答曰：百一生灭，名一刹那。六十刹那，名为一念。此中云念者，不取此时节也。但言忆念阿弥陀佛，若总相，若别相，随所观缘，心无他想，十念相续，名为十念。但称名号，亦复如是。

问曰：心若他缘，摄之令还，可知念之多少。但知多少，复非无间。若凝心注想，复依何可得记念之多少？

答曰：经言"十念"者，明业事成办耳，不必须知头数也。如言蟪蛄不识春秋，伊虫岂知朱阳之节乎，知者言之耳。十念业成者，是亦通神者言之耳。但积念相续，不缘他事便罢，复何暇须知念之头数也。若必须知，亦有方便，必须口授，不得题之笔点。

无量寿经优婆提舍愿生偈注卷下

婆薮槃头菩萨 造
魏永宁寺北天竺沙门菩提流支 译论
魏西河石壁谷玄中寺沙门昙鸾 注解

【论曰：】

“论曰”以下，此是解义分。此分中义有十重：一者愿偈大意，二者起观生信，三者观行体相，四者净入愿心，五者善巧摄化，六者离菩提障，七者顺菩提门，八者名义摄对，九者愿事成就，十者利行满足。

“论”者，议也，言议偈所以也。“曰”者，词也，指下诸句是议释偈词也。故言“论曰”。

△ 愿偈大意者

【此愿偈明何义？示现观彼安乐世界，见阿弥陀如来，愿生彼国故。】

△ 起观生信者，此分中又有二重：一者示五念力，二者出五念门。

△ 示五念力者

【云何观？云何生信心？若善男子、善女人，修五念门行成就，毕竟得生安乐国土，见彼阿弥陀佛。】

△ 出五念门者

【何等五念门？一者礼拜门，二者赞叹门，三者作愿门，四者观察门，五者回向门。】

门者，入出义也。如人得门，则入出无碍。前四念，是入安乐净土门。后一念，是出慈悲教化门。

【云何礼拜？身业礼拜阿弥陀如来、应、正遍知。】

诸佛如来，德有无量。德无量故，德号亦无量。若欲具谈，纸笔不能载也。是以诸经或举十名，或腾三号，盖存至宗而已，岂此尽耶？所言三号，即此“如来”、“应”、“正遍知”也。

“如来”者，如法相解，如法相说，如诸佛安隐道来，此佛亦如是来，更不去后有中，故名“如来”。

“应”者，“应供”也。佛结使除尽，得一切智慧，应受一切天地众生供养，故曰“应”也。

“正遍知”者，知一切诸法实不坏相，不增不减。云何不坏？心行处灭，言语道过，诸法如涅槃相不动。故名“正遍知”。

“无碍光”义，如前偈中解。

【为生彼国意故。】

何故言此？菩萨之法，常以昼三时、夜三时，礼十方一切诸佛，不必有愿生意。今应常作愿生意，故礼阿弥陀如来也。

【云何赞叹？口业赞叹。】

赞者，赞扬也。叹者，歌叹也。赞叹非口不宣，故曰口业也。

【称彼如来名，如彼如来光明智相，如彼名义，欲如实修行相应故。】

“称彼如来名”者，谓称无碍光如来名也。

“如彼如来光明智相”者，佛光明是智慧相也。此光明照十方世界无有障碍，能除十方众生无明黑暗。非如日、月、珠光，但破空穴中暗也。

“如彼名义，欲如实修行相应”者，彼无碍光如来名号，能破众生一切无明，能满众生一切志愿。然有称名忆念，而无明犹在，而不满所愿者，何者？由不如实修行，与名义不相应故也。云何为不如实修行，与名义不相应？谓不知如来是实相身，是为物身。又有三种不相应：一者信心不淳，若存若亡故；二者信心不一，无决定故；三者信心不相续，余念间故。

此三句，展转相成。以信心不淳，故无决定；无决定，故念不相续。亦可念不相续，故不得决定信；不得决定信，故心不淳。与此相违，名与实修行相应，是故论主建言“我一心”。

问曰：名为法指，如指指月。若称佛名号便得满愿者，指月之指应能破暗。若指月之指不能破暗，称佛名号亦何能满愿耶？

答曰：诸法万差，不可一概。有名即法，有名异法。名即法者，诸佛菩萨名号、般若波罗蜜，及陀罗尼章句、禁咒音辞等是也。如《禁肿辞》云：“日出东方，乍赤乍黄”等句。假使酉、亥行禁，不关日出，而肿得瘥。亦如行师对阵，但一切齿中诵“临兵斗者皆陈列在前”，行诵此九字，五兵之所不中，《抱朴子》谓之要道者也。又苦转筋者，以木瓜对火熨之则愈。复有人但呼木瓜名亦愈，吾身得其效也。如斯近事，世间共知，况不可思议境界者乎？灭除药涂鼓之喻，复是一事，此喻已彰于前，故不重引。有名异法者，如指指月等名也。

【云何作愿？心常作愿，一心专念，毕竟往生安乐国土，欲如实修行奢摩他故。】

译“奢摩他”曰“止”。止者，止心一处，不作恶也。此译名乃不乖大意，于义未满。何以言之？如止心鼻端，亦名为止。不净观止贪，慈悲观止瞋，因缘观止痴，如是等亦名为止。如人将行不行，亦名为止。是知“止”语浮漫，不正得

“奢摩他”名也。如椿、柘、榆、柳，虽皆名木。若但云木，安得榆、柳耶？

“奢摩他”云“止”者，今有三义：一者，一心专念阿弥陀如来，愿生彼土，此如来名号及彼国土名号能止一切恶。二者，彼安乐土过三界道，若人一生彼国，自然止身口意恶。三者，阿弥陀如来正觉住持力，自然止求声闻、辟支佛心。此三种止，从如来如实功德生，是故言：“欲如实修行奢摩他故。”

【云何观察？智慧观察，正念观彼，欲如实修行毗婆舍那故。】

译“毗婆舍那”曰“观”。但泛言“观”，义亦未满。何以言之？如观身无常、苦、空、无我、九相等，皆名为观。亦如上木名，不得椿、柘也。

“毗婆舍那”云“观”者，亦有二义：一者，在此作想，观彼三种庄严功德。此功德如实故，修行者亦得如实功德。如实功德者，决定得生彼土。二者，一得生彼净土，即见阿弥陀佛，未证净心菩萨毕竟得证平等法身，与净心菩萨、与上地菩萨毕竟同得寂灭平等。是故言：“欲如实修行毗婆舍那故。”

【彼观察有三种，何等三种？一者观察彼佛国土庄严功德，二者观察阿弥陀佛庄严功德，三者观察彼诸菩萨庄严功德。】

心缘其事曰观，观心分明曰察。

【云何回向？不舍一切苦恼众生，心常作愿，回向为首，得成就大悲心故。】

回向有二种相：一者往相，二者还相。往相者，以己功德回施一切众生，作愿共往生彼阿弥陀如来安乐净土。还相者，生彼土已，得奢摩他、毗婆舍那方便力成就，回入生死稠林，教化一切众生共向佛道。若往若还，皆为拔众生渡生死海，是故言："回向为首，得成就大悲心故。"

△ 观行体相者，此分中有二体：一者器体，二者众生体。

△ 器分中又有三重：一者国土体相，二者示现自利利他，三者入第一义谛。

△ 国土体相者

【云何观察彼佛国土庄严功德？彼佛国土庄严功德者，成就不可思议力故，如彼摩尼如意宝性相似相对法故。】

"不可思议力"者，总指彼佛国土十七种庄严功德力不可得思议也。诸经统言有五种不可思议：一者众生多少不可思议，二者业力不可思议，三者龙力不可思议，四者禅定力不可思议，五者佛法力不可思议。此中佛土不可思议，有二种力：一者业力，谓法藏菩萨出世善根大愿业力所成；二者正觉阿弥陀法王善住持力所摄。此不可思议，如下十七种，一一相皆不可思议。至文当释。

“如彼摩尼如意宝性相似相对”者，借彼摩尼如意宝性，示安乐佛土不可思议性也。诸佛入涅槃时，以方便力，留碎身舍利，以福众生。众生福尽，此舍利变为摩尼如意宝珠。此珠多在大海中，大龙王以为首饰。若转轮圣王出世，以慈悲方便，能得此珠，于阎浮提作大饶益。若须衣服、饮食、灯明、乐具，随意所欲种种物时，王便洁斋，置珠于长竿头，发愿言：“若我实是转轮王者，愿宝珠雨如此之物，若遍一里，若十里，若百里，随我心愿。”尔时即便于虚空中雨种种物，皆称所须，满足天下一切人愿，以此宝性力故。彼安乐佛土亦如是，以安乐性种种成就故。

“相似相对”者。彼宝珠力，求衣食者，能雨衣食等物，称求者意，非是不求。彼佛土则不然，性满足成就故，无所乏少。片取彼性为喻，故言“相似相对”。又彼宝但能与众生衣食等愿，不能与众生无上道愿。又彼宝但能与众生一身愿，不能与众生无量身愿。有如是等无量差别，故言“相似”。

【观察彼佛国土庄严功德成就者，有十七种，应知。何等十七？一者庄严清净功德成就，二者庄严量功德成就，三者庄严性功德成就，四者庄严形相功德成就，五者庄严种种事功德成就，六者庄严妙色功德成就，七者庄严触功德成就，八者庄严三种功德成就，九者庄严雨功德成就，十者庄严光明功德成就，十一者庄严妙声功

德成就，十二者庄严主功德成就，十三者庄严眷属功德成就，十四者庄严受用功德成就，十五者庄严无诸难功德成就，十六者庄严大义门功德成就，十七者庄严一切所求满足功德成就。】

先举章门，次续提释。

【庄严清净功德成就者，偈言“观彼世界相，胜过三界道”故。】

此云何不思议？有凡夫人烦恼成就，亦得生彼净土。三界系业，毕竟不牵。则是不断烦恼，得涅槃分，焉可思议？

【庄严量功德成就者，偈言“究竟如虚空，广大无边际”故。】

此云何不思议？彼国人天，若意欲宫殿楼阁，若广一由旬、若百由旬、若千由旬，千间、万间，随心所成，人各如此。又十方世界众生愿往生者，若已生、若今生、若当生，一时一日之顷，算数所不能知其多少，而彼世界常若虚空，无迫迮相。彼中众生，住如此量中，志愿广大，亦如虚空无有限量。彼国土量，能成众生心行量，何可思议？

【庄严性功德成就者，偈言“正道大慈悲，出世善根生”故。】

此云何不思议？譬如迦罗求罗虫，其形微小，若得大风，身如大山。随风大小，为己身相。生安乐众生亦复如是，生彼正道世界，即成就出世善根，入正定聚。亦如彼虫，非身而身，焉可思议？

【庄严形相功德成就者，偈言“净光明满足，如镜日月轮”故。】

此云何不思议？夫忍辱得端正，我心影响也。一得生彼，无瞋忍之殊。人天色像，平等妙绝。盖净光之力也。彼光非心行，而为心行之事，焉可思议？

【庄严种种事功德成就者，偈言“备诸珍宝性，具足妙庄严”故。】

此云何不思议？彼种种事，或一宝、十宝、百千种宝，随心称意，无不具足。若欲令无，倏焉化没。心得自在，有逾神通。安可思议？

【庄严妙色功德成就者，偈言“无垢光焰炽，明净曜世间”故。】

此云何不思议？其光曜事，则映彻表里。其光曜心，则终尽无明。光为佛事，焉可思议？

【庄严触功德成就者，偈言“宝性功德草，柔软左右旋，触者生胜乐，过迦旃邻陀”故。】

此云何不思议？夫宝例坚强，而此柔软。触乐应着，而此增道。事同爱作，何可思议？

有菩萨字“爱作”，形容端正，生人染着，经言：“染之者，或生天上，或发菩提心。”

【庄严三种功德成就者，有三种事，应知。何等三种？一者水，二者地，三者虚空。】

此三种所以并言，以同类者故也。何以言之？一者六大类，所谓虚空、识、地、水、火、风。二者无分别类，所谓地、水、火、风、虚空。但言三类者，识一大，属众生世间故；火一大，彼中无故；虽有风，风不可见故，无住处故。是以六大、五类中，取有而可庄严三种并言之。

【庄严水功德成就者，偈言“宝花千万种，弥覆池流泉，微风动花叶，交错光乱转”故。】

此云何不思议？彼净土人天，非水谷身，何须水耶？清净成就，不须洗濯，复何用水耶？彼中无四时，常调适不烦热，复何须水耶？不须而有，当有所以。经言：“彼诸菩萨及声闻，若入宝池，意欲令水没足，水即没足。欲令至膝，水即至膝。欲令至腰，水即至腰。欲令至颈，水即至颈。欲令灌身，自然灌身。欲令还复，水辄还复。调和冷暖，自然随意。开神悦体，荡除心垢。清明澄洁，净若无形。宝沙映彻，无深不照。微澜回流，转相灌注。安详徐逝，不迟不疾。波扬无量自然妙声，随其所应，莫不闻者。或闻佛声，或闻法声，或闻僧声，或闻寂静声，空无我声，大慈悲声，波罗蜜声，或闻十力、无畏、不共法声，诸通慧声，无所作声，不起灭声，无生忍声，乃至甘露灌顶众妙法声。如是等声，称其所闻，欢喜无量。随顺清净离欲寂灭真实之义，随顺三宝、力、无所畏、不共之法，随顺通慧菩萨声闻所行之道。无有三途苦难之名，但有自然快乐之音。是故其国名曰安乐。”此水为佛事，安可思议？

【庄严地功德成就者，偈言“宫殿诸楼阁，观十方无碍，杂树异光色，宝栏遍围绕”故。】

此云何不思议？彼种种事，或一宝、十宝、百宝、无量宝，随心称意，庄严具足。此庄严事，如净明镜，十方国土净秽诸相、善恶业缘，一切悉现。彼中人天见斯事故，探汤不及之情，自然成就。亦如诸大菩萨以照法性等宝为冠，此宝冠中皆见诸佛，又了达一切诸法之性。又如佛说《法华经》时，放眉间光，照于东方万八千土，皆如金色，从阿鼻狱，上至有顶，诸世界中六道众生，生死所趣，善恶业缘，受报好丑，于此悉见，盖斯类也。此影为佛事，安可思议？

【庄严虚空功德成就者，偈言“无量宝交络，罗网遍虚空，种种铃发响，宣吐妙法音”故。】

此云何不思议？经言：“无量宝网，弥覆佛土，皆以金镂、真珠、百千杂宝、奇妙珍异，庄严校饰。周匝四面，垂以宝铃。光色晃耀，尽极严丽。自然德风，徐起微动。其风调和，不寒不暑，温凉柔软，不迟不疾，吹诸罗网及众宝树，演发无量微妙法音，流布万种温雅德香。其有闻者，尘劳垢习，自然不起。风触其身，皆得快乐。”此声为佛事，焉可思议？

【庄严雨功德成就者，偈言“雨花衣庄严，无量香普熏”故。】

此云何不思议？经言：“风吹散花，遍满佛土，随色次第，而不杂乱。柔软光泽，馨香芬烈。足履其上，陷下四寸。随举足已，还复如故。花用已讫，地辄开裂，以次化没，清净无遗。随其时节，风吹散花，如是六返。又众宝莲花，周满世界。一一宝花，百千亿叶。其花光明，无量种色，青色青光，白色白光，玄、黄、朱、紫，光色赫然，炜晔焕烂，明曜日月。一一花中，出三十六百千亿光。一一光中，出三十六百千亿佛，身色紫金，相好殊特。一一诸佛，又放百千光明，普为十方说微妙法。如是诸佛，各各安立无量众生于佛正道。”花为佛事，安可思议？

【庄严光明功德成就者，偈言“佛慧明净日，除世痴暗冥”故。】

此云何不思议？彼土光明从如来智慧报起，触之者，无明黑暗终必消除。光明非慧，能为慧用，焉可思议？

【庄严妙声功德成就者，偈言“梵声悟深远，微妙闻十方”故。】

此云何不思议？经言：“若人但闻彼国土清净安乐，克念愿生，亦得往生，即入正定聚。”此是国土名字为佛事，安可思议？

【庄严主功德成就者，偈言“正觉阿弥陀，法王善住持”故。】

此云何不思议？正觉阿弥陀不可思议，彼安乐净土为正觉阿弥陀善力住持，云何可得思议耶？

“住”名不异不灭，“持”名不散不失。如以不朽药涂种子，在水不烂，在火不焦，得因缘则生。何以故？不朽药力故。若人一生安乐净土，后时意愿生三界教化众生，舍净土命，随愿得生。虽生三界杂生水火中，无上菩提种子毕竟不朽。何以故？以经正觉阿弥陀善住持故。

【庄严眷属功德成就者，偈言“如来净花众，正觉花化生”故。】

此云何不思议？凡是杂生世界，若胎、若卵、若湿、若化，眷属若干，苦乐万品，以杂业故。彼安乐国土，莫非是阿弥陀如来正觉净花之所化生，同一念佛，无别道故。远通夫法界之内，皆为兄弟也。眷属无量，焉可思议？

【庄严受用功德成就者，偈言“爱乐佛法味，禅三昧为食”故。】

此云何不思议？不食而资命，盖所资有以也，岂不是如来满本愿乎？乘佛愿为我命，焉可思议？

【庄严无诸难功德成就者，偈言“永离身心恼，受乐常无间”故。】

此云何不思议？经言：“身为苦器，心为恼端。”而彼有身有心，而受乐无间，安可思议？

【庄严大义门功德成就者，偈言“大乘善根界，等无讥嫌名，女人及根缺，二乘种不生”故。净土果报，离二种讥嫌过，应知。一者体，二者名。体有三种，一者二乘人，二者女人，三者诸根不具人。无此三过故，名离体讥嫌。名亦三种，非但无三体，乃至不闻二乘、女人、诸根不具三种名故，名离名讥嫌。“等”者，平等一相故。】

此云何不思议？夫诸天共器，饭有随福之色。足指按地，乃详金砾之旨。而愿往生者，本则三三之品，今无一二之殊，亦如淄渑一味，焉可思议？

【庄严一切所求满足功德成就者，偈言“众生所愿乐，一切能满足”故。】

此云何不思议？彼国人天，若欲愿往他方世界无量佛刹供养诸佛菩萨，及所须供养之具，无不称愿。又欲舍彼寿命，向余国生，修短自在，随愿皆得。未阶自在之位，而同自在之用，焉可思议？

△ 示现自利利他者

【略说彼阿弥陀佛国土十七种庄严功德成就。示现如来自身利益大功德力成就，利益他功德成就故。】

言“略”者，彰彼净土功德无量，非唯十七种也。夫须弥之入芥子，毛孔之纳大海，岂山海之神乎？毛芥之力乎？能神者神之耳。是故十七种虽曰利他，自利之义，炳然可知。

△ 入第一义谛者

【彼无量寿佛国土庄严，第一义谛妙境界相，十六句及一句，次第说，应知。】

第一义谛者，佛因缘法也。此“谛”是“境”义，是故庄严等十六句，称为妙境界相。此义至“入一法句”文，当更解释。

“及一句次第”者，谓观器净等总别十七句观行次第也。云何起次？建章言：“归命无碍光如来，愿生安乐国。”此中有疑，疑言：生为有本，众累之元。弃生愿生，生何可尽？为释此疑，是故观彼净土庄严功德成就，明彼净土是阿弥陀如来清净本愿无生之生，非如三有虚妄生也。何以言之？夫法性清净，毕竟无生。言生者，是得生者之情耳。生苟无生，生何所尽？尽夫生者，上失无为能为之身，下湎三空不空之痼。根败永亡，号振三千。无反无复，于斯招耻。体夫生理，谓之净土。净土之宅，所谓十七句是也。

十七句中，总、别为二。初句是总相，所谓是清净佛土过三界道。彼过三界有何相？下十六种庄严功德成就相是也。一者量，究竟如虚空，广大无边际故。既知量，此量以何为本？是故观性。“性”是“本”义。彼净土从正道大慈悲出世善根生。既言出世善根，此善根生何等相？是故次观庄严形相。既知形相，宜知形相何等体，是故次观种种事。既知种种事，宜知种种事妙色，是故次观妙色。既知妙色，此色有何触，是故次观触。既知身触，应知眼触，是故次观水、地、虚空庄严三事。既知眼触，应知鼻触，是故次观衣花香熏。既知眼鼻等触，须知离染，是故次观佛慧明照。既知慧光净力，宜知声名远近，是故次观梵声远闻。既知声名，宜知谁为增上，是故次观主。既知有主，谁为主眷属，是故次观眷属。既知眷属，宜知此眷属若为受用，是故次观受用。既知受用，宜知此受用有难无难，是故次观无诸难。既知无诸难，以何义故无诸难，是故次观大义门。既知大义门，宜知大义门满不满，是故次观所求满足。

复次，此十七句非但释疑，观此十七种庄严成就，能生真实净信，必定得生彼安乐佛土。

问曰：上言知生无生，当是上品生者。若下下品人，乘十念往生，岂非取实生耶？但取实生，即堕二执，一恐不得往生，二恐更生生惑。

答：譬如净摩尼珠，置之浊水，水即清净。若人虽有无量生死之罪浊，闻彼阿弥陀如来至极无生清净宝珠名号，投之浊心。念念之中，罪灭心净，即得往生。又是摩尼珠，以玄黄币裹，投之于水，水即玄黄，一如物色。彼清净佛土，有阿弥陀如来无上宝珠，以无量庄严功德成就帛裹，投之于所往生者心水，岂不能转生见为无生智乎？又如冰上燃火，火猛则冰解，冰解则火灭。彼下品人，虽不知法性无生，但以称佛名力，作往生意，愿生彼土。彼土是无生界，见生之火，自然而灭。

△ 众生体者，此分中有二重：一者观佛，二者观菩萨。

△ 观佛者

【云何观佛庄严功德成就？观佛庄严功德成就者，有八种相，应知。】

此“观”义，已彰前偈。

【何等八种？一者庄严座功德成就，二者庄严身业功德成就，三者庄严口业功德成就，四者庄严心业功德成就，五者庄严大众功德成就，六者庄严上首功德成就，七者庄严主功德成就，八者庄严不虚作住持功德成就。】

【何者庄严座功德成就？偈言“无量大宝王，微妙净花台”故。】

若欲观座，当依《观无量寿经》。

【何者庄严身业功德成就？偈言“相好光一寻，色像超群生”故。】

若欲观佛身，当依《观无量寿经》。

【何者庄严口业功德成就？偈言“如来微妙声，梵响闻十方”故。】

【何者庄严心业功德成就？偈言“同地水火风，虚空无分别”故。

无分别者，无分别心故。】

凡夫众生身、口、意三业以造罪，轮转三界，无有穷已。是故诸佛菩萨庄严身、口、意三业，用治众生虚诳三业也。云何用治？众生以身见故，受三途身、卑贱身、丑陋身、八难身、流转身。如是等众生，见阿弥陀如来相好光明身者，如上种种身业系缚，皆得解脱，入如来家，毕竟得平等身业。众生以骄慢故，诽谤正法，毁呰贤圣，捐庳尊长（尊者，君、父、师也；长者，有德之人及兄党也），如是人应受拔舌苦、喑哑苦、言教不行苦、无名闻苦。如是等种种诸苦众生，闻阿弥陀如来至德名号、说法音声，如上种种口业系缚，皆得解脱，入如来家，毕竟得平等口业。众生以邪见故，心生分别，若有若无，若非若是，若好若丑，若善若恶，若彼若此，有如是等种种分别，以分别故，长沦三有，受种种分别苦、取舍苦，长寝大夜，无有出期。是众生若遇阿弥陀如来平等光照，若闻阿弥陀如来平等意业，是等众生如上种种意业系缚，皆得解脱，入如来家，毕竟得平等意业。

问曰：心是觉知相，云何可得同地、水、火、风无分别耶？

答曰：心虽知相，入实相，则无知也。譬如蛇性虽曲，入竹筒则直。又如人身若针刺，若蜂螫，则有觉知。若石蛭啖，若甘刀割，则无觉知。如是等有知、无知，在于因缘。若在因缘，则非知、非无知也。

问曰：心入实相，可令无知。云何得有一切种智耶？

答曰：凡心有知，则有所不知。圣心无知，故无所不知。无知而知，知即无知也。

问曰：既言无知故无所不知，若无所不知者，岂不是知种种法耶？既知种种之法，复云何言无所分别耶？

答曰：诸法种种相，皆如幻化。然幻化象、马，非无长颈、鼻、首、足异。而智者观之，岂言定有象、马分别之耶？

【何者庄严大众功德成就？偈言“天人不动众，清净智海生”故。】

【何者庄严上首功德成就？偈言“如须弥山王，胜妙无过者”故。】

【何者庄严主功德成就？偈言“天人丈夫众，恭敬绕瞻仰”故。】

【何者庄严不虚作住持功德成就？偈言“观佛本愿力，遇无空过者，能令速满足，功德大宝海”故。】

不虚作住持功德成就者，盖是阿弥陀如来本愿力也。今当略示虚作之相不能住持，用显彼不虚作住持之义。人有辍餐养士，或衅起舟中。积金盈库，而不免饿死。如斯之事，触目皆是。得非作得，在非守在，皆由虚妄业作，不能住持也。所言不虚作住持者，依本法藏菩萨四十八愿、今日阿弥陀如来自在神力。愿以成力，力以就愿。愿不徒然，力不虚设。力、愿相符，毕竟不差，故曰成就。

【即见彼佛，未证净心菩萨毕竟得证平等法身，与净心菩萨、与上地诸菩萨毕竟同得寂灭平等故。】

平等法身者，八地以上法性生身菩萨也。寂灭平等者，即此法身菩萨所证寂灭平等之法也。以得此寂灭平等法故，名为平等法身。以平等法身菩萨所得故，名为寂灭平等法也。此菩萨得报生三昧，以三昧神力，能一处一念一时，遍十方世界，种种供养一切诸佛，及诸佛大会众海。能于无量世界，无佛法僧处，种种示现，种种教化，度脱一切众生，常作佛事。初无往来想、供养想、度脱想。是故此身名为平等法身，此法名为寂灭平等法也。

未证净心菩萨者，初地以上、七地以还诸菩萨也。此菩萨亦能现身，若百、若千、若万、若亿、若百千万亿，无佛国土施作佛事，要须作心入三昧乃能，非不作心。以作心故，名为未得净心。此菩萨愿生安乐净土，即见阿弥陀佛。见阿弥陀佛时，与上地诸菩萨，毕竟身等、法等。龙树菩萨、婆薮槃头菩萨辈，愿生彼者，当为此耳。

问曰：案《十地经》，菩萨进趣阶级，渐有无量功勋，经多劫数，然后乃得。此云何见阿弥陀佛时，毕竟与上地诸菩萨身等、法等耶？

答曰：言毕竟者，未言即等也。毕竟不失此等，故言等耳。

问曰：若不即等，复何待言？菩萨但登初地，以渐增进，自然当与佛等。何假言与上地菩萨等？

答曰：菩萨于七地中，得大寂灭，上不见诸佛可求，下不见众生可度，欲舍佛道，证于实际。尔时若不得十方诸佛神力加劝，即便灭度，与二乘无异。菩萨若往生安乐，见阿弥陀佛，即无此难，是故须言毕竟平等。

复次《无量寿经》中，阿弥陀如来本愿言："设我得佛，他方佛土诸菩萨众来生我国，究竟必至一生补处。除其本愿自在所化，为众生故，被弘誓铠，积累德本，度脱一切，游诸佛国，修菩萨行，供养十方诸佛如来，开化恒沙无量众生，使立无上正真之道。超出常伦诸地之行，现前修习普贤之德。若不尔者，不取正觉。"案此经推，彼国菩萨或可不从一地至一地。言十地阶次者，是释迦如来于阎浮提一应化道耳，他方净土，何必如此？五种不思议中，佛法最不可思议。若言菩萨必从一地至一地，无超越之理，未敢详也。譬如有树，名曰好坚，是树地生，百岁乃具。一日长高百丈，日日如此。计百岁之长，岂类修松耶？见松生长，日不过寸，闻彼好坚，何能不疑？即同有人闻释迦如来，证罗汉于一听，制无生于终朝，谓是接诱之言，非称实之说。闻此《论》事，亦当不信。夫非常之言，不入常人之耳，谓之不然，亦其宜也。

【略说八句，示现如来自利利他功德庄严次第成就，应知。】

此云何次第？前十七句，是庄严国土功德成就。既知国土相，应知国土之主，是故次观佛庄严功德。彼佛若为庄严？于何处坐？是故先观座。既知座已，宜知座主，是故次观佛庄严身业。既知身业，应知有何声名，是故次观佛庄严口业。既知名闻，宜知得名所以，是故次观庄严心业。既知三业具足，应为人天大师，堪受化者是谁，是故次观大众功德。既知大众有无量功德，宜知上首者谁，是故次观上首，上首是佛。既知上首，恐同长幼，是故次观主。既知是主，主有何增上，是故次观庄严不虚作住持。八句次第成已。

△ 观菩萨者

【云何观察菩萨庄严功德成就？观察菩萨庄严功德成就者，观彼菩萨有四种正修行功德成就，应知。】

真如是诸法正体。体如而行，则是不行。不行而行，名如实修行。体唯一如，而义分为四。是故四行以一正统之。

【何者为四？一者，于一佛土身不动摇，而遍十方种种应化，如实修行，常作佛事。偈言“安乐国清净，常转无垢轮，化佛菩萨日，如须弥住持”故，开诸众生淤泥花故。】

八地以上菩萨常在三昧，以三昧力，身不动本处，而能遍至十方，供养诸佛，教化众生。

无垢轮者，佛地功德也。佛地功德，无习气烦恼垢。佛为诸菩萨常转此法轮，诸大菩萨亦能以此法轮开导一切，无暂时休息，故言常转。

法身如日，而应化身光遍诸世界也。言日未足以明不动，复言“如须弥住持”也。

淤泥花者，经言：“高原陆地，不生莲花。卑湿淤泥，乃生莲花。”此喻凡夫在烦恼泥中，为菩萨开导，能生佛正觉花。谅夫！绍隆三宝，常使不绝。

【二者，彼应化身一切时不前不后，一心一念，放大光明，悉能遍至十方世界教化众生，种种方便，修行所作，灭除一切众生苦故。偈言“无垢庄严光，一念及一时，普照诸佛会，利益诸群生”故。】

上言不动而至，容或至有前后，是故复言一念一时无前后也。

【三者，彼于一切世界，无余照诸佛会大众，无余广大无量供养、恭敬、赞叹诸佛如来功德。偈言“雨天乐花衣，妙香等供养，赞诸佛功德，无有分别心”故。】

无余者，明遍至一切世界一切诸佛大会，无有一世界一佛会不至也。肇公言：“法身无像，而殊形并应。至韵无言，而玄籍弥布。冥权无谋，而动与事会。”盖斯意也。

【四者，彼于十方一切世界无三宝处，住持庄严佛、法、僧宝功德大海，遍示令解，如实修行。偈言“何等世界无，佛法功德宝，我愿皆往生，示佛法如佛”故。】

上三句虽言遍至，皆是有佛国土。若无此句，便是法身有所不法，上善有所不善。

观行体相竟。

△ 以下是解义中第四重，名为净入愿心。

△ 净入愿心者

【又向说观察庄严佛土功德成就、庄严佛功德成就、庄严菩萨功德成就，此三种成就，愿心庄严，应知。】

应知者，应知此三种庄严成就，由本四十八愿等清净愿心之所庄严。因净故果净，非无因、他因有也。

【略说入一法句故。】

上国土庄严十七句、如来庄严八句、菩萨庄严四句，为广。入一法句，为略。何故示现广略相入？诸佛菩萨有二种法身，一者法性法身，二者方便法身。由法性法身，生方便法身。由方便法身，出法性法身。此二法身，异而不可分，一而不可同，是故广略相入，统以法名。菩萨若不知广略相入，则不能自利利他。

【一法句者，谓清净句。清净句者，谓真实智慧无为法身故。】

此三句展转相入。依何义名之为法？以清净故。依何义名为清净？以真实智慧无为法身故。

真实智慧者，实相智慧也。实相无相，故真智无知也。无为法身者，法性身也。法性寂灭，故法身无相也。无相故能无不相，是故相好庄严，即法身也。无知故能无不知，是故一切种智，即真实智慧也。

以真实而目智慧，明智慧非作、非非作也。以无为而标法身，明法身非色、非非色也。非于非者，岂非非之能是乎？盖无非之曰是也。自是无待夫非是也。非是非非，百非之所不喻。是故言清净句。清净句者，谓真实智慧无为法身也。

【此清净有二种，应知。】

上转入句中，通一法入清净，通清净入法身。今将别清净出二种故，故言应知。

【何等二种？一者器世间清净，二者众生世间清净。器世间清净者，如向说十七种庄严佛土功德成就，是名器世间清净。众生世间清净者，如向说八种庄严佛功德成就、四种庄严菩萨功德成就，是名众生世间清净。如是一法句，摄二种清净义，应知。】

夫众生为别报之体，国土为共报之用。体用不一，所以应知。然诸法心成，无余境界。众生及器，复不得异，不得一。不一则义分，不异同清净。器者，用也，谓彼净土是彼清净众生之所受用，故名为器。如净食用不净器，以器不净故，食亦不净。不净食用净器，食不净故，器亦不净。要二俱洁，乃得称净。是以一清净名，必摄二种。

问曰：言众生清净，则是佛与菩萨。彼诸人天得入此清净数否？

答曰：得名清净，非实清净。譬如出家圣人，以杀烦恼贼故，名为比丘。凡夫出家者，持戒、破戒皆名比丘。又如灌顶王子，初生之时，具三十二相，七宝即为所属，虽未能为转轮王事，亦名转轮王，以其必为转轮王故。彼诸人天，亦复如是，皆入大乘正定之聚，毕竟当得清净法身，以当得故，得名清净。

△ 善巧摄化者

【如是菩萨，奢摩他、毗婆舍那广略修行，成就柔软心。】

柔软心者，谓广略止观，相顺修行，成不二心也。譬如以水取影，清净相资而成就也。

【如实知广略诸法。】

如实知者，如实相而知也。广中二十九句，略中一句，莫非实相也。

【如是成就巧方便回向。】

如是者，如前后广略，皆实相也。以知实相故，则知三界众生虚妄相也。知众生虚妄，则生真实慈悲也。知真实法身，则起真实归依也。慈悲之与归依，巧方便在下。

【何者菩萨巧方便回向？菩萨巧方便回向者，谓说礼拜等五种修行，所集一切功德善根，不求自身住持之乐，欲拔一切众生苦故，作愿摄取一切众生，共同生彼安乐佛国，是名菩萨巧方便回向成就。】

案王舍城所说《无量寿经》，三辈生中，虽行有优劣，莫不皆发无上菩提之心。此无上菩提心，即是愿作佛心。愿作佛心，即是度众生心。度众生心，即摄取众生生净佛国土心。是故愿生彼安乐净土者，要发无上菩提心也。若人不发无上菩提心，但闻彼国土受乐无间，为乐故愿生，亦当不得往生也。是故言："不求自身住持之乐，欲拔一切众生苦故。"住持乐者，谓彼安乐净土为阿弥陀如来本愿力之所住持，受乐无间也。

凡释回向名义，谓以己所集一切功德，施与一切众生共向佛道。巧方便者，谓菩萨愿以己智慧火，烧一切众生烦恼草木，若有一众生不成佛，我不作佛，而众生未尽成佛，菩萨已自成佛。譬如火㮇，欲摘一切草木烧令使尽，草木未尽，火㮇已尽。以后其身而身先，故名巧方便。此中言方便者，谓作愿摄取一切众生，共同生彼安乐佛国，彼佛国即是毕竟成佛道路无上方便也。

△ 离菩提障者

【菩萨如是善知回向成就，即能远离三种菩提门相违法。何等三种？一者依智慧门，不求自乐，远离我心贪着自身故。】

知进守退曰智，知空无我曰慧。依智故，不求自乐。依慧故，远离我心贪着自身。

【二者依慈悲门，拔一切众生苦，远离无安众生心故。】

拔苦曰慈，与乐曰悲。依慈故，拔一切众生苦。依悲故，远离无安众生心。

【三者依方便门，怜愍一切众生心，远离供养恭敬自身心故。】

正直曰方，外己曰便。依正直故，生怜愍一切众生心。依外己故，远离供养恭敬自身心。

【是名远离三种菩提门相违法。】

△ 顺菩提门者

【菩萨远离如是三种菩提门相违法，得三种随顺菩提门法满足故。何等三种？一者无染清净心，以不为自身求诸乐故。】

菩提是无染清净处，若为身求乐，即违菩提。是故无染清净心，是顺菩提门。

【二者安清净心，以拔一切众生苦故。】

菩提是安隐一切众生清净处，若不作心拔一切众生离生死苦，即便违菩提。是故拔一切众生苦，是顺菩提门。

【三者乐清净心，以令一切众生得大菩提故，以摄取众生生彼国土故。】

菩提是毕竟常乐处，若不令一切众生得毕竟常乐，则违菩提。此毕竟常乐依何而得？依大乘门。大乘门者，谓彼安乐佛国土是也。是故又言：“以摄取众生生彼国土故。”

【是名三种随顺菩提门法满足，应知。】

△ 名义摄对者

【向说智慧、慈悲、方便三种门，摄取般若，般若摄取方便，应知。】

般若者，达如之慧名。方便者，通权之智称。达如则心行寂灭，通权则备省众机。省机之智，备应而无知。寂灭之慧，亦无知而备省。然则智慧、方便，相缘而动，相缘而静。动不失静，智慧之功也。静不废动，方便之力也。是故智慧、慈悲、方便摄取般若，般若摄取方便。

应知者，谓应知智慧、方便，是菩萨父母。若不依智慧、方便，菩萨法则不成就。何以故？若无智慧，为众生时，则堕颠倒。若无方便，观法性时，则证实际。是故应知。

【向说远离我心不贪着自身、远离无安众生心、远离供养恭敬自身心，此三种法，远离障菩提心，应知。】

诸法各有障碍相，如风能障静，土能障水，湿能障火，五黑、十恶障人天，四颠倒障声闻果。此中三种不远离，障菩提心。应知者，若欲得无障，当远离此三种障碍也。

【向说无染清净心、安清净心、乐清净心，此三种心，略一处成就妙乐胜真心，应知。】

乐有三种：一者外乐，谓五识所生乐。二者内乐，谓初禅、二禅、三禅意识所生乐。三者法乐乐，谓智慧所生乐。此智慧所生乐，从爱佛功德起。是远离我心、远离无安众生心、远离自供养心，是三种心，清净增进，略为妙乐胜真心。“妙”言其好，以此乐缘佛生故；“胜”言胜出三界中乐；“真”言不虚伪、不颠倒。

△ 愿事成就者

【如是菩萨智慧心、方便心、无障心、胜真心，能生清净佛国土，应知。】

应知者，谓应知此四种清净功德，能得生彼清净佛国土，非是他缘而生也。

【是名菩萨摩诃萨随顺五种法门，所作随意自在成就。如向所说身业、口业、意业、智业、方便智业，随顺法门故。】

随意自在者，言此五种功德力，能生清净佛土，出没自在也。身业者，礼拜也。口业者，赞叹也。意业者，作愿也。智业者，观察也。方便智业者，回向也。言此五种业和合，则是随顺往生净土法门自在业成就。

△ 利行满足者

【复有五种门，渐次成就五种功德，应知。何者五门？一者近门，二者大会众门，三者宅门，四者屋门，五者园林游戏地门。】

此五种，示现入出次第相。入相中，初至净土是近相，谓入大乘正定聚，近阿耨多罗三藐三菩提；入净土已，便入如来大会众数；入众数已，当至修行安心之宅；入宅已，当至修行所居屋宇。修行成就已，当至教化地，教化地即是菩萨自娱乐地，是故出门称园林游戏地门。

【此五种门，初四种门，成就入功德；第五门，成就出功德。】

此入出功德门何者是，释言。

【入第一门者，以礼拜阿弥陀佛，为生彼国故，得生安乐世界，是名入第一门。】

礼佛愿生佛国，是初功德相。

【入第二门者，以赞叹阿弥陀佛，随顺名义称如来名，依如来光明智相修行故，得入大会众数，是名入第二门。】

依如来名义赞叹，是第二功德相。

【入第三门者，以一心专念作愿生彼，修奢摩他寂静三昧行故，得入莲华藏世界，是名入第三门。】

为修寂静止故，一心愿生彼国，是第三功德相。

【入第四门者，以专念观察彼妙庄严，修毗婆舍那故，得到彼处，受用种种法味乐，是名入第四门。】

种种法味乐者，毗婆舍那中，有观佛国土清净味、摄受众生大乘味、毕竟住持不虚作味、类事起行愿取佛土味，有如是等无量庄严佛道味，故言种种。是第四功德相。

【出第五门者，以大慈悲，观察一切苦恼众生，示应化身，回入生死园烦恼林中，游戏神通，至教化地，以本愿力回向故，是名出第五门。】

示应化身者，如《法华经》普门示现之类也。游戏有二义：一者自在义。菩萨度众生，譬如狮子搏鹿，所为不难，如似游戏。二者度无所度义。菩萨观众生毕竟无所有，虽度无量众生，而实无一众生得灭度者。示度众生，如似游戏。言本愿力者，示大菩萨于法身中，常在三昧，而现种种身、种种神通、种种说法，皆以本愿力起。譬如阿修罗琴，虽无鼓者，而音曲自然。是名教化地第五功德相。

【菩萨入四种门，自利行成就，应知。】

成就者，谓自利满足也。应知者，谓应知由自利故，则能利他，非是不能自利而能利他也。

【菩萨出第五门，回向利益他行成就，应知。】

成就者，谓以回向因，证教化地果。若因若果，无有一事不能利他。应知者，谓应知由利他故，则能自利，非是不能利他而能自利也。

【菩萨如是修五念门行，自利利他，速得成就阿耨多罗三藐三菩提故。】

佛所得法，名为阿耨多罗三藐三菩提。以得此菩提，故名为佛。今言速得阿耨多罗三藐三菩提，是得早作佛也。

“阿”名“无”；“耨多罗”名“上”；“三藐”名“正”；“三”名“遍”；“菩提”名“道”。统而译之，名为“无上正遍道”。无上者，言此道穷理尽性，更无过者。何以言之？以正故。正者，圣智也。如法相而知，故称为正智。法性无相，故圣智无知也。遍有二种，一者圣心遍知一切法，二者法身遍满法界。若身若心，无不遍也。道者，无碍道也。经言：“十方无碍人，一道出生死。”一道者，一无碍道也。无碍者，谓知生死即是涅槃，如是等入不二法门无碍相也。

问曰：有何因缘，言速得成就阿耨多罗三藐三菩提？

答曰：《论》言修五门行，以自利利他成就故。然核求其本，阿弥陀如来为增上缘。他利之与利他，谈有左右。若自佛而言，宜言利他。自众生而言，宜言他利。今将谈佛力，是故以利他言之。当知此意也。凡是生彼净土，及彼菩萨人天所起诸行，皆缘阿弥陀如来本愿力故。何以言之？若非佛力，四十八愿便是徒设。今的取三愿，用证义意：

愿言："设我得佛，十方众生至心信乐欲生我国，乃至十念，若不得生者，不取正觉。唯除五逆、诽谤正法。"缘佛愿力故，十念念佛，便得往生。得往生故，即免三界轮转之事。无轮转故，所以得速。一证也。

愿言："设我得佛，国中人天，不住正定聚，必至灭度者，不取正觉。"缘佛愿力故，住正定聚。住正定聚故，必至灭度，无诸回复之难，所以得速。二证也。

愿言："设我得佛，他方佛土诸菩萨众来生我国，究竟必至一生补处。除其本愿自在所化，为众生故，被弘誓铠，积累德本，度脱一切，游诸佛国，修菩萨行，供养十方诸佛如来，开化恒沙无量众生，使立无上正真之道。超出常伦诸地之行，现前修习普贤之德。若不尔者，不取正觉。"缘佛愿力故，超出常伦诸地之行，现前修习普贤之德。以超出常伦诸地行故，所以得速。三证也。

以斯而推他力为增上缘，得不然乎？当复引例，示自力、他力相。如人畏三途故，受持禁戒。受持禁戒故，能修禅定。以禅定故，修习神通。以神通故，能游四天下。如是等名为自力。又如劣夫，跨驴不上，从转轮王行，便乘虚空，游四天下，无所障碍。如是等名为他力。愚哉！后之学者，闻他力可乘，当生信心，勿自局分也。

【《无量寿修多罗优婆提舍愿生偈》略解义竟。】

经始称“如是”，彰信为能入；末言“奉行”，表服膺事已。论初归礼，明宗旨有由；终云“义竟”，示所诠理毕。述作人殊，于兹成例。

略论安乐净土义

魏西河石壁谷玄中寺沙门昙鸾撰

问曰：安乐国于三界中何界所摄？

答曰：如《释论》言：“如斯净土，非三界所摄。何以故？无欲故，非欲界。地居故，非色界。有形色故，非无色界。”经曰：阿弥陀佛本行菩萨道时，作比丘名曰法藏，于世自在王佛所，请问诸佛净土之行。时佛为说二百一十亿诸佛刹土，天人善恶，国土精粗，悉现与之。于时法藏菩萨即于佛前发弘誓大愿，取诸佛土。于无量阿僧祇劫，如所发愿，行诸波罗蜜，万善圆满，成无上道。别业所得，非三界也。

问曰：安乐国有几种庄严，名为净土？

答曰：若依经据义，法藏菩萨四十八愿，即是其事。寻读可知，不复重叙。若依《无量寿论》，以二种清净，摄二十九种庄严成就。二种清净者，一器世间清净，二是众生世间清净。

器世间清净，有十七种庄严成就：一者国土相胜过三界道；二者其国广大，量如虚空，无有齐限；三者从菩萨正道大慈悲出世善根所起；四者清净光明圆满庄严；五者备具第一珍宝性，出奇妙宝物；六者洁净光明，常照世间；七者其国宝物柔软，触者适悦，生于胜乐；八者千万宝花庄严池沼，宝殿、宝楼阁，种种宝树，杂色光明，影纳世界，无量宝网覆虚空，四面悬铃，常吐法音；九者于虚空中自然常雨天花、天衣、天香，庄严普熏；十者佛慧光明照除痴暗；十一者梵声开悟，远闻十方；十二者阿弥陀佛无上法王善力住持；十三者从如来净花所化生；十四者爱乐佛法味，禅三昧为食；十五者永离身心诸苦，受乐无间；十六者乃至不闻二乘、女人、根缺之名；十七者众生有所欲乐，随心称意，无不满足。如是等十七种，是名器世间清净。

众生世间清净，有十二种庄严成就：一者无量大珍宝王微妙花台以为佛座；二者无量相好、无量光明庄严佛身；三者佛无量辩才，应机说法，具足清白，令人乐闻，闻者必悟解，言不虚说；四者佛真如智慧犹如虚空，照了诸法总相、别相，心无分别；五者天人不动众广大庄严，譬如须弥山，映显四大海，法王相具足；六者成就无上果，尚无能及，况复过者；七者为天人丈夫调御师，大众恭敬围绕，如狮子王狮子围绕；八者佛本愿力庄严住持诸功德，遇者无空过，能令速满足一切功德海，未证净心菩萨毕竟得证平等法身，与净心菩萨、与上地菩萨毕竟同得寂灭平等；九者安乐国诸菩萨众，身不动摇而遍至十方，种种应化，如实修行，常作佛事；十者如是菩萨应化身，一切时不前不后，一心一念放大光明，悉能遍至十方世界，教化众生，种种方便，修行所作，灭除一切众生苦恼；十一者是等菩萨于一切世界，无余照诸佛大会，无余广大无量供养、恭敬、赞叹诸佛如来功德；十二者是诸菩萨于十方一切世界无三宝处，住持庄严佛法僧宝功德大海，遍示令解，如实修行。如是等法王八种庄严功德成就，如是菩萨四种庄严功德成就，是名众生世间清净。

安乐国土具如是等二十九种庄严功德成就，故名净土。

问曰：生安乐土者，凡有几辈？有几因缘？

答曰：《无量寿经》中，唯有三辈，上、中、下。《无量寿观经》中，一品分为上、中、下，三三而九，合为九品。今依傍《无量寿经》为赞，且据此经作三品论之。

上辈生者，有五因缘：一者舍家离欲而作沙门；二者发无上菩提心；三者一向专念无量寿佛；四者修诸功德；五者愿生安乐国。具此因缘，临命终时，无量寿佛与诸大众现其人前，即便随佛往生安乐，于七宝花中自然化生，住不退转，智慧勇猛，神通自在。

中辈生者，有七因缘：一者发无上菩提心；二者一向专念无量寿佛；三者多少修善，奉持斋戒；四者起立塔像；五者饭食沙门；六者悬缯燃灯，散花烧香；七者以此回向，愿生安乐。临命终时，无量寿佛化现其身，光明、相好具如真佛，与诸大众现其人前，即随化佛往生安乐，住不退转。功德智慧，次如上辈。

下辈生者，有三因缘：一者假使不能作诸功德，当发无上菩提心；二者一向专意，乃至十念念无量寿佛；三者以至诚心愿生安乐。临命终时，梦见无量寿佛，亦得往生。功德智慧，次如中辈。

又有一种往生安乐，不入三辈中。谓以疑惑心修诸功德，愿生安乐。不了佛智、不思议智、不可称智、大乘广智、无等无伦最上胜智，于此诸智疑惑不信。然犹信罪福，修习善本。生安乐国七宝宫殿，或百由旬，或五百由旬，各于其中受诸快乐，如忉利天，亦皆自然。于五百岁中，常不见佛，不闻经法，不见菩萨、声闻圣众。安乐国土谓之边地，亦曰胎生。边地者，言其五百岁中不见闻三宝，义同边地之难，或亦于安乐国土最在其边。胎生者，譬如胎生人，初生之时，人法未成。边言其难，胎言其暗。此二名皆借此况彼耳，非是八难中边地，亦非胞胎中胎生。何以知之？安乐国土一向化生故，故知非实胎生。五百年后，还得见闻三宝故，故知非八难中边地也。

问曰：彼胎生者，处七宝宫殿中，受快乐否？复何所忆念？

答曰：经喻云：譬如转轮王子得罪于王，内于后宫，系以金锁，一切供具无所乏少，犹如王。王子于时虽有好妙种种自娱乐具，心不受乐，但念设诸方便，求免悕出。彼胎生者，亦复如是。虽处七宝宫殿，有好色香味触，不以为乐，但不见三宝，不得供养修诸善本，以之为苦。识其本罪，深自责悔，求离彼处，即得如意，还同三辈生者。当是五百年末，方识罪悔耳。

问曰：以疑惑心往生安乐，名曰胎生者，云何起疑？

答曰：经中但云疑惑不信，不出所以疑意。寻“不了”五句，敢以对治言之。“不了佛智”者，谓不能信了佛一切种智，不了故，故起疑，此一句总辨所疑。下四句一一对治所疑，疑有四意：

一者疑但忆念阿弥陀佛，不必得往生安乐。何以故？经曰：“业道如秤，重者先牵。”云何一生，或百年、或十年、或一月，无恶不造，但以十念相续，便得往生，即入正定聚，毕竟不退，与三途诸苦永隔乎？若尔，先牵之义，何以可信？又旷劫以来，具造诸行有漏之法，系属三界。云何不断三界结惑，直以少时念阿弥陀佛，便出三界乎？系业之义，复欲云何？对治此疑，故言“不思议智”。不思议智者，谓佛智力能以少作多，以多作少；以近为远，以远为近；以轻为重，以重为轻；以长为短，以短为长。如是等佛智无量无边，不可思议。譬如百夫百年聚薪，积高千仞，豆许火焚，半日便尽。岂可得言百年之薪积，半日不尽乎？又如躄者寄载他船，因风帆势，一日至千里。岂可得言躄者云何一日至千里乎？又如下贱贫人，获一瑞物，而以贡主，主庆所得，加诸重赏，斯须之顷，富贵盈溢。岂可得言以颇有数十年仕，备尽辛勤，上下尚不达归者，言彼富贵无此事乎？又如劣夫，以己身力，擲驴不上，从转轮王行，便乘虚空，飞腾自然。复可以擲驴之劣夫，言必不能乘空耶？又如十围之索，千夫不制。童子挥剑，瞬顷两分。岂可得言一小儿力不能断索乎？又如鸩鸟入水，鱼蚌斯毙。犀角触泥，死者咸起。岂可得言性命一断，无可生乎？又如黄鹄呼子安，子安还活。岂可得言坟下千岁灵，决无可苏乎？一切万法，皆有自力、他力，自摄、他摄，千开万闭，无量无边。安得以有碍之识，疑彼无碍之法乎？又五不思议中，佛法最不可思议。而以百年之恶为重，疑十念念佛为轻，不得往生安乐入正定聚者，是事不然。

二者疑佛智于人不为悬绝。何以故？夫一切名字从相待生，觉智从不觉生。如人迷方，从记方生。若使迷绝不迷，迷卒不解。迷若可解，必迷者解，亦可云解者迷。迷解、解迷，犹手反覆耳。乃可明昧为异，亦安得超然哉？起此疑故，于佛智慧生疑不信。对治此疑，故言“不可称智”。不可称智者，言佛智绝称谓，非相形待。何以言之？法若是有，必应有知有之智。法若是无，亦应有知无之智。诸法离于有无，故佛冥诸法，则智绝相待。汝引解迷为喻，犹是一迷耳，不成迷解。亦如梦中与他解梦，虽云解梦，非是不梦。以知取佛，不曰知佛。以不知取佛，非知佛。以非知非不知取佛，亦非知佛。以非非知非非不知取佛，亦非知佛。佛智离此四句，缘之者心行灭，指之者言语断。以是义故，《释论》云："若人见般若，是则为被缚。若不见般若，是亦为被缚。若人见般若，是则为解脱。若不见般若，是亦为解脱。"此偈中说，不离四句者为缚，离四句者为解脱。汝疑佛智与人不悬绝者，是事不然。

三者疑佛不能实度一切众生。何以故？过去世有无量阿僧祇恒沙诸佛，现在十方世界亦有无量无边阿僧祇恒沙诸佛，若使佛实能度一切众生，则应久无三界。第二佛则不应复为众生发菩提心，具修净土，摄受众生。而实有第二佛摄受众生，乃至实有三世十方无量诸佛摄受众生，故知佛实不能度一切众生。起此疑故，于阿弥陀佛作有量想。对治此疑，故言"大乘广智"。大乘广智者，言无法不知，无烦恼不断，无善不备，无众生不度。所以有三世十方者，有五义：一者，若使无第二佛，乃至无阿僧祇恒沙诸佛者，佛便不能度一切众生。以实能度一切众生故，则有十方无量诸佛。无量诸佛即是前佛所度众生。二者，若一佛度一切众生尽者，后亦不应复有佛。何以故？无觉他义故，复依何义说有三世佛乎？依觉他义故，说佛佛皆度一切众生。三者，后佛能度，犹是前佛之能。何以故？由前佛有后佛故。譬如帝王之中，得相绍袭，后王即是前王之能故。四者，佛力虽能度一切众生，要须有因缘。若众生与前佛无因缘，复须后佛。如是无缘众生，动经百千万佛，不闻不见，非佛力劣也。譬如日月周四天下，破诸暗冥，而盲者不见，非日不明也。雷震裂耳，而聋者不闻，非声不厉也。觉诸缘理，号之曰佛。若情强违缘理，非正觉也。是故众生无量，佛亦无量。征佛莫问有缘无缘，何不尽度一切众生者，非理言也。五者，众生若尽，世间即堕有边。以是义故，即有无量佛度一切众生。

问曰：若众生不可尽，世间复须堕无边。无边故，佛则不能实度一切众生。

答曰：世间非有边非无边，亦绝四句。佛令众生离此四句，名之为度。其实非度非不度，非尽非不尽。譬如梦渡大河，值涛波诸难，其人畏怖，叫声彻外。外人唤觉，坦然无忧。但为渡梦，不为渡河。

问曰：言度与不度，皆堕边见。何以但说度一切众生为大乘广智，不说不度众生为大乘广智？

答曰：众生莫不厌苦求乐，畏缚求解。闻度则归向。闻不度，不知所以不度，便谓佛非大慈悲，则不归向，故长寝久梦，无由可息。为是人故，多说度，不说不度。复次《诸法无行经》亦言："佛不得佛道，亦不度众生。凡夫强分别，作佛度众生。"言度众生，是对治悉檀。言不度众生，是第一义悉檀。二言各有所以，不相违背。

问曰：如梦得息，岂不是度耶？若一切众生所梦皆息，世间岂不尽？

答曰：说梦为世间，若梦息则无梦者。若无梦者，亦不说度者。如是知世间即是出世间，虽度无量众生，则不堕颠倒。

四者疑佛不得一切种智。何以故？若能遍知诸法，诸法堕有边故。若不能遍知，则非一切种智故。对治此疑，故言“无等无伦最上胜智”。无等无伦最上胜智者，凡夫智虚妄，佛智如实，虚实悬殊，理无得等，故言无等。声闻、辟支佛欲有所知，入定方知，出定不知，又知亦有限。佛得如实三昧，常在深定而遍知，照万法二与无二。深法非伦，故言无伦。八地以上菩萨，虽得报生三昧，用无出入，而习气微熏，三昧不极明净。形待佛智，犹为有上。佛智断具足，如法而照，法无量故，照亦无量，譬如函大盖亦大，故言最上。此三句亦可展转相成，以佛智无与等者故，所以无伦，以无伦故最上胜。亦可最上胜故无等，无等故无伦。但言无等便足，复何以须下二句者？如须陀洹智不与阿罗汉等，而是其类。初地至十地亦如是，智虽不等，非不其伦。何以故？非最上故。汝以知有边为难，疑佛非一切智者，是事不然。

问曰：下辈生中云，十念相续，便得往生。云何名为十念相续？

答曰：譬如有人，空旷迥处，值遇怨贼，拔刀奋勇，直来欲杀。其人劲走，视渡一河，若得渡河，首领可全。尔时但念渡河方便：“我至河岸，为着衣渡？为脱衣渡？若着衣纳，恐不得过。若脱衣纳，恐无得暇。”但有此念，更无他缘。唯念何当渡河，即是一念。如是不杂心，名为十念相续。行者亦尔，念阿弥陀佛，如彼念渡，经于十念。若念佛名字，若念佛相好，若念佛光明，若念佛神力，若念佛功德，若念佛智慧，若念佛本愿，无他心间杂，心心相次，乃至十念，名为十念相续。

一往言十念相续，似若不难。然凡夫心犹野马，识剧猿猴，驰骋六尘，不暂停息。宜至信心，预自克念，使积习成性，善根坚固也。如佛告频婆娑罗王："人积善行，死无恶念。如树西倾，倒必随西。"若使风刀一至，百苦凑身，若前习不在怀，念何可办？又宜同志五三，共结言要，垂命终时，迭相开晓，为称阿弥陀佛名号，愿生安乐，声声相次，使成十念也。譬如蜡印印泥，印坏文成。此命断时，即是生安乐时。一入正定聚，更何所忧也！

赞阿弥陀佛偈

（一名《无量寿经奉赞》）

昙鸾法师作

南无至心归命礼西方阿弥陀佛。
现在西方去此界，十万亿刹安乐土，
佛世尊号阿弥陀，我愿往生归命礼。
愿共诸众生，往生安乐国。①

南无至心归命礼西方阿弥陀佛。
成佛以来历十劫，寿命方将无有量，
法身光轮遍法界，照世盲冥故顶礼。
愿共诸众生，往生安乐国。②

---

① 《无量寿经》：阿难白佛："法藏菩萨为已成佛而取灭度，为未成佛，为今现在？"佛告阿难："法藏菩萨今已成佛，现在西方，去此十万亿刹，其佛世界名曰安乐。"

② 《无量寿经》：阿难又问："其佛成道以来，为经几时？"佛言："成佛以来，凡历十劫。"

南无至心归命礼西方阿弥陀佛。
智慧光明不可量，故佛又号无量光，
有量诸相蒙光晓，是故稽首真实明。
愿共诸众生，往生安乐国。①

南无至心归命礼西方阿弥陀佛。
解脱光轮无限齐，故佛又号无边光，
蒙光触者离有无，是故稽首平等觉。
愿共诸众生，往生安乐国。

① 此下十二偈所赞，见《无量寿经》：佛告阿难："无量寿佛威神光明，最尊第一，诸佛光明所不能及。或照百佛世界，或千佛世界，取要言之，乃照东方恒沙佛刹。南西北方，四维上下，亦复如是。或有佛光照于七尺，或一由旬，二、三、四、五由旬，如是转倍，乃至照一佛刹。是故无量寿佛，号无量光佛、无边光佛、无碍光佛、无对光佛、炎王光佛、清净光佛、欢喜光佛、智慧光佛、不断光佛、难思光佛、无称光佛、超日月光佛。其有众生遇斯光者，三垢消灭，身意柔软，欢喜踊跃，善心生焉。若在三途极苦之处，见此光明，皆得休息，无复苦恼，寿终之后，皆蒙解脱。无量寿佛光明显赫，照曜十方。诸佛国土，莫不闻焉。不但我今称其光明，一切诸佛、声闻、缘觉、诸菩萨众，咸共叹誉，亦复如是。若有众生闻其光明威神功德，日夜称说，至心不断，随意所愿，得生其国，为诸菩萨、声闻之众所共叹誉，称其功德。至其最后得佛道时，普为十方诸佛菩萨叹其光明，亦如今也。"佛言："我说无量寿佛光明威神，巍巍殊妙，昼夜一劫，尚未能尽。"

南无至心归命礼西方阿弥陀佛。
光云无碍如虚空，故佛又号无碍光，
一切有碍蒙光泽，是故顶礼难思议。
愿共诸众生，往生安乐国。

南无至心归命礼西方阿弥陀佛。
清净光明无有对，故佛又号无对光，
遇斯光者业系除，是故稽首毕竟依。
愿共诸众生，往生安乐国。

南无至心归命礼西方阿弥陀佛。
佛光照耀最第一，故佛又号光炎王，
三途黑暗蒙光启，是故顶礼大应供。
愿共诸众生，往生安乐国。

南无至心归命礼西方阿弥陀佛。
道光明朗色超绝，故佛又号清净光，
一蒙光照罪垢除，皆得解脱故顶礼。
愿共诸众生，往生安乐国。

南无至心归命礼西方阿弥陀佛。
慈光遐被施安乐，故佛又号欢喜光，

光所至处得法喜，稽首顶礼大安慰。
愿共诸众生，往生安乐国。

南无至心归命礼西方阿弥陀佛。
佛光能破无明暗，故佛又号智慧光，
一切诸佛三乘众，咸共叹誉故稽首。
愿共诸众生，往生安乐国。

南无至心归命礼西方阿弥陀佛。
光明一切时普照，故佛又号不断光，
闻光力故心不断，皆得往生故顶礼。
愿共诸众生，往生安乐国。

南无至心归命礼西方阿弥陀佛。
其光除佛莫能测，故佛又号难思光，
十方诸佛叹往生，称其功德故稽首。
愿共诸众生，往生安乐国。

南无至心归命礼西方阿弥陀佛。
神光离相不可名，故佛又号无称光，
因光成佛光赫然，诸佛所叹故顶礼。
愿共诸众生，往生安乐国。

南无至心归命礼西方阿弥陀佛。

光明照耀过日月，故佛号超日月光，

释迦佛叹尚不尽，故我稽首无等等。

愿共诸众生，往生安乐国。

南无至心归命礼西方阿弥陀佛。

哀愍覆护我，令法种增长，

此世及后生，愿佛常摄受。

愿共诸众生，往生安乐国。

南无至心归命礼西方极乐世界观世音菩萨。

愿共诸众生，往生安乐国。

南无至心归命礼西方极乐世界大势至菩萨。

愿共诸众生，往生安乐国。

南无至心归命礼西方极乐世界诸菩萨清净大海众。

愿共诸众生，往生安乐国。

普为师僧、父母及善知识、法界众生断除三障，同得往生阿弥陀佛国，归命忏悔。

南无至心归命礼西方阿弥陀佛。
阿弥陀佛初会众，声闻菩萨数无量，
神通巧妙不能算，是故稽首广大会。
愿共诸众生，往生安乐国。[①]

南无至心归命礼西方阿弥陀佛。
安乐无量摩诃萨，咸当一生补佛处，
除其本愿大弘誓，普欲度脱诸众生，
斯等宝林功德聚，一心合掌头面礼。
愿共诸众生，往生安乐国。[②]

① 《无量寿经》：佛语阿难：“彼佛初会声闻众数不可称计，菩萨亦然。如大目犍连，百千万亿无量无数，于阿僧祇那由他劫，乃至灭度，悉共计校，不能究了多少之数。譬如大海深广无量，假使有人析其一毛，以为百分，以一分毛，沾取一滴。于意云何，其所滴者，于彼大海，何所为多？”阿难白佛：“彼所滴水，比于大海多少之量，非巧历算数、言辞譬类所能知也。”佛语阿难：“如目连等，于百千万亿那由他劫，计彼初会声闻、菩萨，所知数者，犹如一滴，其所不知，如大海水。”

② 《无量寿经》：佛告阿难：“彼国菩萨皆当究竟一生补处，除其本愿为众生故，以弘誓功德而自庄严，普欲度脱一切众生。”

南无至心归命礼西方阿弥陀佛。
安乐国土诸声闻，身[1]光一寻若流星，
菩萨光轮四千里，若秋满月映紫金，
集佛法藏为众生，故我顶礼大心海。
愿共诸众生，往生安乐国。

南无至心归命礼西方阿弥陀佛。
又观世音大势至，于诸圣众最第一，
慈光照曜大千界，侍佛左右显神仪。
度诸有缘不暂息，如大海潮不失时，
如是大悲大势至，一心稽首头面礼。
愿共诸众生，往生安乐国。[2]

① “身”，《大正藏》本作“皆”，《卍续藏》本作“背”，今据《无量寿经》改。经云：“彼佛国中诸声闻众，身光一寻。菩萨光明，照百由旬。”又唐译《无量寿如来会》云：“彼佛刹中诸声闻众，皆有身光，能照一寻。菩萨光照，极百千寻。”

② 《无量寿经》：“有二菩萨，最尊第一，威神光明，普照三千大千世界。”阿难白佛：“彼二菩萨，其号云何？”佛言：“一名观世音，二名大势至。此二菩萨，于此国土修菩萨行，命终转化，生彼佛国。”

南无至心归命礼西方阿弥陀佛。

其有众生生安乐，悉具三十有二相，

智慧满足入深法，究畅道要无障碍，

随根利钝成就忍，二忍乃至不可计。

宿命五通常自在，至佛不更杂恶趣，

除生他方五浊世，示现同如大牟尼，

生安乐国成大利，是故至心头面礼。

愿共诸众生，往生安乐国。[①]

南无至心归命礼西方阿弥陀佛。

安乐菩萨承佛神，于一食顷诣十方，

不可算数佛世界，恭敬供养诸如来。

花香伎乐从念现，宝盖幢幡随意出，

珍奇绝世无能名。散花供养殊异宝，

化成花盖光晃耀，香气普熏莫不周。

花盖小者四百里，乃有遍覆一佛界，

① 《无量寿经》:“阿难，其有众生，生彼国者，皆悉具足三十二相，智慧成满，深入诸法，究畅要妙，神通无碍，诸根明利。其钝根者，成就二忍。其利根者，得不可计无生法忍。又彼菩萨，乃至成佛，不受恶趣，神通自在，常识宿命。除生他方五浊恶世，示现同彼，如我国也。”

随其前后次化去。是诸菩萨佥欣悦，
于虚空中奏天乐，雅赞德颂扬佛慧。
听受经法供养已，未食之前腾虚还，
神力自在不可测，故我顶礼无上尊。
愿共诸众生，往生安乐国。①

南无至心归命礼西方阿弥陀佛。
安乐佛国诸菩萨，夫可宣说随智慧，
于己万物亡我所，净若莲花不受尘。
往来进止若泛舟，利安为务舍适莫，
彼已犹空断二想，燃智慧炬照长夜。
三明六通皆已足，菩萨万行贯心眼，
如是功德无边量，是故至心头面礼。

---

① 《无量寿经》：佛语阿难："彼国菩萨，承佛威神，一食之顷，往诣十方无量世界，恭敬供养诸佛世尊。随心所念花香、伎乐、衣盖、幢幡、无数无量供养之具，自然化生，应念即至，珍妙殊特，非世所有，辄以奉散诸佛，及诸菩萨、声闻之众。在虚空中，化成花盖，光色昱烁，香气普熏，其花周圆四百里者，如是转倍，乃覆三千大千世界，随其前后，以次化没。其诸菩萨，佥然欣悦，于虚空中共奏天乐，以微妙音，歌叹佛德，听受经法，欢喜无量。供养佛已，未食之前，忽然轻举，还其本国。"

愿共诸众生，往生安乐国。[①]

南无至心归命礼西方阿弥陀佛。
安乐声闻菩萨众，人天智慧咸洞达，
身相庄严无殊异，但顺他方故列名。
颜容端正无可比，精微妙躯非人天，
虚无之身无极体，是故顶礼平等力。
愿共诸众生，往生安乐国。[②]

南无至心归命礼西方阿弥陀佛。
敢能得生安乐国，皆悉住于正定聚，

---

① 《无量寿经》：佛语阿难："生彼佛国诸菩萨等，所可讲说，常宣正法，随顺智慧，无违无失。于其国土所有万物，无我所心，无染着心。去来进止，情无所系。随意自在，无所适莫。无彼无我，无竞无讼。于诸众生，得大慈悲饶益之心。柔润调伏，无忿恨心。离盖清净，无厌怠心。等心，胜心，深心，定心，爱法、乐法、喜法之心。灭诸烦恼，离恶趣心。究竟一切菩萨所行，具足成就无量功德。得深禅定，诸通明慧。游志七觉，修心佛法。肉眼清彻，靡不分了。天眼通达，无量无限。法眼观察，究竟诸道。慧眼见真，能度彼岸。佛眼具足，觉了法性。"

② 《无量寿经》："其诸声闻、菩萨、天人，智慧高明，神通洞达，咸同一类，形无异状。但因顺余方，故有天人之名。颜貌端正，超世稀有。容色微妙，非天非人。皆受自然虚无之身，无极之体。"

邪定不定其国无，诸佛咸赞故顶礼。
愿共诸众生，往生安乐国。[①]

南无至心归命礼西方阿弥陀佛。
诸闻阿弥陀佛号，信心欢喜庆所闻，
乃暨一念至心者，回向愿生皆得往，
唯除五逆谤正法，故我顶礼愿往生。
愿共诸众生，往生安乐国。[②]

南无至心归命礼西方阿弥陀佛。
安乐菩萨声闻辈，于此世界无比方，
释迦无碍大辩才，设诸假令示少分。
最贱乞人并帝王，帝王复比金轮王，
如是展转至六天，次第相形皆如始。
以天色像喻于彼，千万亿倍非其类，
皆是法藏愿力为，稽首顶礼大心力。

---

① 《无量寿经》：佛告阿难：“其有众生，生彼国者，皆悉住于正定之聚。所以者何？彼佛国中，无诸邪聚，及不定聚。十方恒沙诸佛如来，皆共赞叹无量寿佛威神功德不可思议。”

② 《无量寿经》：“诸有众生闻其名号，信心欢喜，乃至一念，至心回向，愿生彼国，即得往生，住不退转。唯除五逆、诽谤正法。”

愿共诸众生，往生安乐国。①

南无至心归命礼西方阿弥陀佛。

天人一切有所须，无不称欲应念至，

一宝二宝无量宝，随心化造受用具，

堂宇饮食悉如此，故我稽首无称佛。

愿共诸众生，往生安乐国。②

南无至心归命礼西方阿弥陀佛。

诸往生者悉具足，清净色身无可比，

神通功德及宫殿，服饰庄严如六天。

应器宝钵自然至，百味嘉肴倏已满，

见色闻香意为食，忽然饱足受适悦。

所味清净无所着，事已化去须复现，

---

① 《无量寿经》：佛告阿难："譬如世间贫穷乞人，在帝王边，形貌容状，宁可类乎？"阿难白佛："假令此人在帝王边，羸陋丑恶，无以为喻，百千万亿不可计倍。"佛告阿难："汝言是也。计如帝王，虽人中尊贵，形色端正，比之转轮圣王，甚为鄙陋，犹彼乞人在帝王边也。转轮圣王威相殊妙，天下第一，比之忉利天王，又复丑恶，不得相喻万亿倍也。假令天帝，比第六天王，百千亿倍不相类也。设第六天王，比无量寿佛国菩萨、声闻，光颜容色，不相及逮，百千万亿不可计倍。"

② 《无量寿经》：佛告阿难："无量寿国，其诸天人，衣服、饮食、花香、璎珞、缯盖、幢幡、微妙音声，所居舍宅、宫殿、楼阁，称其形色、高下、大小，或一宝、二宝，乃至无量众宝，随意所欲，应念即至。"

晏安快乐次泥洹，是故至心头面礼。
愿共诸众生，往生安乐国。①

南无至心归命礼西方阿弥陀佛。
十方佛土菩萨众，及诸比丘生安乐，
无量无数不可计，已生今生当亦然。
皆曾供养无量佛，摄取百千坚固法，
如是大士悉往生，是故顶礼阿弥陀。
愿共诸众生，往生安乐国。②

---

① 《无量寿经》："阿难，彼佛国土，诸往生者，具足如是清净色身、诸妙音声、神通功德。所处宫殿，衣服饮食，众妙花香，庄严之具，犹第六天自然之物。若欲食时，七宝钵器，自然在前。金、银、琉璃、砗磲、玛瑙、珊瑚、琥珀、明月、真珠，如是诸钵，随意而至，百味饮食，自然盈满。虽有此食，实无食者，但见色闻香，意以为食，自然饱足。身心柔软，无所味着。事已化去，时至复现。彼佛国土，清净安隐，微妙快乐，次于无为泥洹之道。"

② 《无量寿经》：佛告弥勒："于此世界，六十七亿不退菩萨往生彼国，一一菩萨已曾供养无数诸佛，次如弥勒者也。诸小行菩萨，及修习少功德者，不可称计，皆当往生。"佛告弥勒："不但我刹诸菩萨等往生彼国，他方佛土，亦复如是。其第一佛，名曰远照，彼有百八十亿菩萨，皆当往生。……其第十二佛，名曰无上华，彼有无数不可称计诸菩萨众，皆不退转，智慧勇猛，已曾供养无量诸佛。于七日中，即能摄取百千亿劫大士所修坚固之法。斯等菩萨，皆当往生。其第十三佛，名曰无畏，彼有七百九十亿大菩萨众，诸小菩萨及比丘等，不可称计，皆当往生。"佛语弥勒："不但此十四佛国中诸菩萨等当往生也，十方世界无量佛国，其往生者亦复如是，甚多无数。我但说十方诸佛名号，及菩萨、比丘生彼国者，昼夜一劫，尚未能尽，我今为汝略说之耳。"

南无至心归命礼西方阿弥陀佛。
若闻阿弥陀德号，欢喜赞仰心归依，
下至一念得大利，则为具足功德宝。
设满大千世界火，亦应直过闻佛名，
闻阿弥陀不复退，是故至心稽首礼。
愿共诸众生，往生安乐国。[①]

南无至心归命礼西方阿弥陀佛。
神力无极阿弥陀，十方无量佛所叹。
东方恒沙诸佛国，菩萨无数悉往觐，
亦复供养安乐国，菩萨声闻诸大众，
听受经法宣道化，自余九方亦如是。
释迦如来说偈颂，无量功德故顶礼。
愿共诸众生，往生安乐国。

① 《无量寿经》：佛告弥勒："其有得闻彼佛名号，欢喜踊跃，乃至一念，当知此人为得大利，则是具足无上功德。是故弥勒，设有大火，充满三千大千世界，要当过此，闻是经法，欢喜信乐，受持读诵，如说修行。所以者何？多有菩萨欲闻此经，而不能得。若有众生闻此经者，于无上道终不退转。是故应当专心信受，持诵说行。"

南无至心归命礼西方阿弥陀佛。

诸来无量菩萨众，为植德本致虔恭，

或奏音乐歌叹佛，或颂佛慧照世间，

或以天花衣供养，或睹净土兴等愿。

如是圣众悉现前，蒙八梵声授佛记，

一切菩萨增愿行，故我顶礼婆伽婆。

愿共诸众生，往生安乐国。[①]

---

① 《无量寿经》：佛告阿难："无量寿佛，威神无极。十方世界无量无边不可思议诸佛如来，莫不称叹。于彼东方恒河沙佛国，无量无数诸菩萨众，皆悉往诣无量寿佛所，恭敬供养，及诸菩萨、声闻之众，听受经法，宣布道化。南西北方，四维上下，亦复如是。"尔时世尊而说颂曰："东方诸佛国，其数如恒沙，彼土菩萨众，往觐无量觉。南西北四维，上下亦复然，彼土菩萨众，往觐无量觉。一切诸菩萨，各赍天妙花，宝香无价衣，供养无量觉。咸然奏天乐，畅发和雅音，歌叹最胜尊，供养无量觉。究达神通慧，游入深法门，具足功德藏，妙智无等伦，慧日朗世间，消除生死云。恭敬绕三匝，稽首无上尊。见彼严净土，微妙难思议，因发无量心，愿我国亦然。应时无量尊，动容发欣笑，口出无数光，遍照十方国，回光围绕身，三匝从顶入。一切天人众，踊跃皆欢喜。大士观世音，整服稽首问，白佛何缘笑，唯然愿说意。梵声犹雷震，八音畅妙响：'当授菩萨记，今说仁谛听！十方来正士，吾悉知彼愿，志求严净土，受决当作佛。觉了一切法，犹如梦幻响，满足诸妙愿，必成如是刹。知法如电影，究竟菩萨道，具诸功德本，受决当作佛。通达诸法性，一切空无我，专求净佛土，必成如是刹。'诸佛告菩萨，令觐安养佛，闻法乐受行，疾得清净处。至彼严净土，便速得神通，必于无量尊，受记成等觉。其佛本愿力，闻名欲往生，皆悉到彼国，自致不退转。菩萨兴至愿，愿己国无异，普念度一切，名显满十方。奉事亿如来，飞化遍诸刹，恭敬欢喜去，还到安养国。"

南无至心归命礼西方阿弥陀佛。

圣主世尊说法时，大众云集七宝堂，

听佛开示咸悟入，欢喜充遍皆得道。

于时四面起清风，击动宝树出妙响，

和韵清彻過丝竹，逾于金石无伦比。

天花缤纷逐香风，自然供养常不息，

诸天复持天花香，百千伎乐用致敬。

如是功德三宝聚，故我运想礼讲堂。

愿共诸众生，往生安乐国。[①]

南无至心归命礼西方阿弥陀佛。

妙土广大超数限，自然七宝所合成，

佛本愿力庄严起，稽首清净大摄受。

愿共诸众生，往生安乐国。[②]

---

① 《无量寿经》：佛语阿难："无量寿佛为诸声闻、菩萨、天人颁宣法时，都悉集会七宝讲堂，广宣道教，演畅妙法，莫不欢喜，心解得道。即时四方自然风起，吹七宝树，出五音声。无量妙花，随风四散，自然供养，如是不绝。一切诸天，皆赍天上百千花香，万种伎乐，供养其佛，及诸菩萨、声闻之众。普散花香，奏诸音乐，前后来往，更相开避。当斯之时，熙怡快乐，不可胜言。"

② 《无量寿经》："其佛国土，自然七宝，金、银、琉璃、珊瑚、琥珀、砗磲、玛瑙合成为地。恢廓旷荡，不可限极。悉相杂厕，转相间入。光赫煜烁，微妙奇丽，清净庄严，超逾十方。"

南无至心归命礼西方阿弥陀佛。

世界光曜妙殊绝，适悦宴安无四时，

自利利他力圆满，归命方便巧庄严。

宝地澄静平如掌，无有山川陵谷阻，

若佛神力须则见，稽首不可思议尊。

愿共诸众生，往生安乐国。[①]

南无至心归命礼西方阿弥陀佛。

道树高四百万里，周围由旬有五千[②]，

枝叶布里二十万，自然众宝所合成，

月光摩尼海轮宝，众宝之王而庄严。

周匝垂间宝璎珞，百千万种色变异，

光焰照曜超千日，无极宝网覆其上，

一切庄严随应现，稽首顶礼道场树。

---

① 《无量寿经》:“又其国土，无须弥山，及金刚围，一切诸山。亦无大海、小海、溪、渠、井、谷。佛神力故，欲见则见。亦无地狱、饿鬼、畜生诸难之趣。亦无四时春秋冬夏，不寒不热，常和调适。”

② “千”，原本作“十”，今据《无量寿经》改。经云：“无量寿佛，其道场树，高四百万里，其本周围五千由旬，枝叶四布二十万里，一切众宝自然合成，以月光摩尼、持海轮宝，众宝之王，而庄严之。周匝条间，垂宝璎珞，百千万色，种种异变，无量光炎，照曜无极。珍妙宝网，罗覆其上。一切庄严，随应而现。”

愿共诸众生，往生安乐国。

南无至心归命礼西方阿弥陀佛。
微风吹树出法音，普流十方诸佛刹，
闻斯音得深法忍，至成佛道不遭苦，
神力广大不可量，稽首顶礼道场树。
愿共诸众生，往生安乐国。①

南无至心归命礼西方阿弥陀佛。
树香树色树音声，树触树味及树法，
六情遇者得法忍，故我顶礼道场树。
愿共诸众生，往生安乐国。②

南无至心归命礼西方阿弥陀佛。
蒙道场树对六根，乃至成佛根清彻，
音响柔顺无生忍，随力浅深咸得证。
此树威德所由来，皆是如来五种力，

---

① 《无量寿经》："微风徐动，吹诸宝树，演出无量妙法音声。其声流布，遍诸佛国。闻其音者，得深法忍，住不退转，至成佛道，耳根清彻，不遭苦患。"

① 《无量寿经》："目睹其色，鼻知其香，口尝其味，身触其光，心以法缘，皆得甚深法忍，住不退转，至成佛道，六根清彻，无诸恼患。"

神力本愿及满足，明了坚固究竟愿。
慈悲方便不可称，归命稽首真无量。
愿共诸众生，往生安乐国。①

南无至心归命礼西方阿弥陀佛。
从世帝王至六天，音乐转妙有八重，
展转胜前亿万倍，宝树音丽倍亦然。
复有自然妙伎乐，法音清和悦心神，
哀婉雅亮超十方，故我稽首清净乐。
愿共诸众生，往生安乐国。②

南无至心归命礼西方阿弥陀佛。
七宝树林周世界，光耀鲜明相映发，
花果枝叶更互为，稽首本愿功德聚。

---

① 《无量寿经》:“阿难，若彼国土天人，见此树者，得三法忍：一者音响忍，二者柔顺忍，三者无生法忍。此皆无量寿佛威神力故，本愿力故，满足愿故，明了愿故，坚固愿故，究竟愿故。”

② 《无量寿经》:佛告阿难：“世间帝王，有百千音乐。自转轮圣王，乃至第六天上，伎乐音声，展转相胜，千亿万倍。第六天上万种乐音，不如无量寿国诸七宝树一种音声千亿倍也。亦有自然万种伎乐，又其乐声，无非法音，清畅哀亮，微妙和雅，十方世界音声之中，最为第一。”

愿共诸众生，往生安乐国。①

南无至心归命礼西方阿弥陀佛。
清风时时吹宝树，出五音声宫商和，
微妙雅曲自然成，故我顶礼清净熏。
愿共诸众生，往生安乐国。②

南无至心归命礼西方阿弥陀佛。
其土广大无崖际，众宝罗网遍覆上，
金缕珠玑奇异珍，不可名宝为校饰。
周匝四面垂宝铃，调风吹动出妙法，
和雅德香常流布，闻者尘劳习不起，
此风触身受快乐，如比丘得灭尽定。

---

① 《无量寿经》:“又其国土，七宝诸树，周满世界。金树、银树、琉璃树、玻璃树、珊瑚树、玛瑙树、砗磲之树，或有二宝、三宝，乃至七宝，转共合成。或有金树，银叶、花、果。或有银树，金叶、花、果。或琉璃树，玻璃为叶，花、果亦然。或水精树，琉璃为叶，花、果亦然。……或有宝树，紫金为本，白银为茎，琉璃为枝，水精为条，珊瑚为叶，玛瑙为花，砗磲为实。或有宝树，白银为本，琉璃为茎，水精为枝，珊瑚为条，玛瑙为叶，砗磲为花，紫金为实。……行行相值，茎茎相望，枝枝相准，叶叶相向，花花相顺，实实相当。荣色光曜，不可胜视。”

② 《无量寿经》:“清风时发，出五音声，微妙宫商，自然相和。”

风吹散花满佛土，随色次第不杂乱，
花质柔软烈芬芳，足履其上下四指，
随举足时还如故，用讫地开没无遗，
随其时节花六返，不可议报故顶礼。
愿共诸众生，往生安乐国。①

南无至心归命礼西方阿弥陀佛。
众宝莲花盈世界，一一花百千亿叶，
其花光明色无量，朱紫红绿间五色，
炜烨焕烂曜日光，是故一心稽首礼。
愿共诸众生，往生安乐国。②

① 《无量寿经》："无量宝网，弥覆佛土。皆以金缕真珠，百千杂宝，奇妙珍异，庄严校饰。周匝四面，垂以宝铃。光色晃曜，尽极严丽。自然德风，徐起微动，其风调和，不寒不暑，温凉柔软，不迟不疾，吹诸罗网，及众宝树，演发无量微妙法音，流布万种温雅德香。其有闻者，尘劳垢习，自然不起。风触其身，皆得快乐，譬如比丘得灭尽三昧。又风吹散花，遍满佛土，随色次第，而不杂乱，柔软光泽，馨香芬烈。足履其上，蹈下四寸，随举足已，还复如故。花用已讫，地辄开裂，以次化没，清净无遗。随其时节，风吹散花，如是六返。"

② 《无量寿经》："又众宝莲花，周满世界。一一宝花，百千亿叶。其花光明，无量种色。青色青光，白色白光，玄黄朱紫，光色赫然。炜烨焕烂，明曜日月。"

南无至心归命礼西方阿弥陀佛。
一一花中所出光，三十六百有千亿，
一一光中有佛身，多少亦如所出光。
佛身相好如金山，一一又放百千光，
普为十方说妙法，各安众生于佛道。
如是神力无边量，故我归命阿弥陀。
愿共诸众生，往生安乐国。①

南无至心归命礼西方阿弥陀佛。
楼阁殿堂非工造，七宝雕绮化所成，
明月珠珰交露幔，各有浴池形相称。
八功德水满池中，色味香洁如甘露，
黄金池者白银沙，七宝池沙互如此。
池岸香树垂布上，栴檀芬馥常流馨，
天花璀璨为映饰，水上熠耀若景云。
无漏依果难思议，是故稽首功德藏。

① 《无量寿经》:“一一花中,出三十六百千亿光。一一光中,出三十六百千亿佛,身色紫金，相好殊特。一一诸佛，又放百千光明，普为十方说微妙法。如是诸佛，各各安立无量众生于佛正道。”

愿共诸众生，往生安乐国。[①]

南无至心归命礼西方阿弥陀佛。

菩萨声闻入宝池，随意浅深如所欲，

若须灌身自然注，欲令旋复水寻还，

调和冷暖无不称，神开体悦荡心垢。

清明澄洁若无形，宝沙映彻如不深，

澹淡回转相注灌，绰约容豫和人神，

微波无量出妙响，随其所应闻法语。

或闻三宝之妙章，或闻寂静空无我，

或闻无量波罗蜜，力不共法诸通慧，

或闻无作无生忍，乃至甘露灌顶法。

随根性欲皆欢喜，顺三宝相真实义，

① 《无量寿经》:“其讲堂、精舍、宫殿、楼观，皆七宝庄严，自然化成。复以真珠、明月、摩尼、众宝，以为交络，覆盖其上。内外左右，有诸浴池。或十由旬，或二十、三十，乃至百千由旬。纵广深浅，皆各一等。八功德水，湛然盈满，清净香洁，味如甘露。黄金池者，底白银沙。白银池者，底黄金沙。水精池者，底琉璃沙。琉璃池者，底水精沙。珊瑚池者，底琥珀沙。琥珀池者，底珊瑚沙。砗磲池者，底玛瑙沙。玛瑙池者，底砗磲沙。白玉池者，底紫金沙。紫金池者，底白玉沙。或有二宝、三宝，乃至七宝，转共合成。其池岸上，有栴檀树，花叶垂布，香气普熏。天优钵罗花、钵昙摩花、拘牟头花、分陀利花，杂色光茂，弥覆水上。”

菩萨声闻所行道，于是一切悉具闻。
三途苦难名永闭，但有自然快乐音，
是故其国号安乐，头面顶礼无极尊。
愿共诸众生，往生安乐国。①

南无至心归命礼西方阿弥陀佛。
本师龙树摩诃萨，诞形像始理颓纲，
关闭邪扇开正辙，是阎浮提一切眼，
伏承尊悟欢喜地，归阿弥陀生安乐。
譬如龙动云必随，阎浮提放百卉舒，
南无慈悲龙树尊，至心归命头面礼。
愿共诸众生，往生安乐国。

---

① 《无量寿经》:“彼诸菩萨，及声闻众，若入宝池，意欲令水没足，水即没足。欲令至膝，即至于膝。欲令至腰，水即至腰。欲令至颈，水即至颈。欲令灌身，自然灌身。欲令还复，水辄还复。调和冷暖，自然随意。开神悦体，荡除心垢。清明澄洁，净若无形。宝沙映彻，无深不照。微澜回流，转相灌注。安详徐逝，不迟不疾。波扬无量自然妙声，随其所应，莫不闻者。或闻佛声，或闻法声，或闻僧声，或寂静声，空、无我声，大慈悲声，波罗蜜声，或十力、无畏、不共法声，诸通慧声，无所作声，不起灭声，无生忍声，乃至甘露灌顶众妙法声。如是等声，称其所闻，欢喜无量，随顺清净离欲寂灭真实之义，随顺三宝力无所畏不共之法，随顺通慧菩萨、声闻所行之道。无有三途苦难之名，但有自然快乐之音。是故其国，名曰安乐。”

南无至心归命礼西方阿弥陀佛。

我从无始循三界，为虚妄轮所回转，

一念一时所造业，足系大地滞三途，

唯愿慈光护念我，令我不失菩提心。

我赞佛慧功德音，愿闻十方诸有缘，

欲得往生安乐者，普皆如意无障碍，

所有功德若大少，回施一切共往生。

南无不可思议光，一心归命稽首礼。

愿共诸众生，往生安乐国。

南无至心归命礼西方阿弥陀佛。

十方三世无量慧，同乘一如号正觉，

二智圆满道平等，摄化随缘故若干。

我归阿弥陀净土，即是归命诸佛国，

我以一心赞一佛，愿遍十方无碍人，

如是十方无量佛，咸各至心头面礼。

愿共诸众生，往生安乐国。

南无至心归命礼西方阿弥陀佛。

哀愍覆护我，令法种增长，

此世及后生，愿佛常摄受。

愿共诸众生，往生安乐国。

南无至心归命礼西方极乐世界观世音菩萨
愿共诸众生，往生安乐国。

南无至心归命礼西方极乐世界大势至菩萨
愿共诸众生，往生安乐国。

南无至心归命礼西方极乐世界诸菩萨清净大海众
愿共诸众生，往生安乐国。

普为师僧、父母及善知识、法界众生断除三障，同得往生阿弥陀佛国，归命忏悔。

（赞一百九十五[①]，礼五十一拜[②]。）

① 指全文七言偈每两句为一行，共一百九十五行。

② 指偈中顶礼阿弥陀佛共五十一拜。

传记文献八种

●唐道绰《安乐集》：

昙鸾法师康存之日，常修净土。亦每有世俗君子，来呵法师曰："十方佛国，皆为净土。法师何乃独意注西，岂非偏见生也？"法师对曰："吾既凡夫，智慧浅短，未入地位，念力须均。如似置草引牛，恒须系心槽枥，岂得纵放，全无所归？"虽复难者纷纭，而法师独决。是以无问一切道俗，但与法师一面相遇者，若未生正信，劝令生信，若已生正信者，皆劝归净国。是故法师临命终时，寺傍左右道俗，皆见幡花映院，尽闻异香，音乐迎接，遂往生也。

●唐道宣《续高僧传·魏西河石壁谷玄中寺释昙鸾传》：

释昙鸾，或为峦，未详其氏，雁门人也。家近五台山，神迹灵怪，逸于民听。时未志学，便往寻焉，备觌遗踪，心神欢悦，便即出家。内外经籍，具陶文理，而于四论、佛性，弥所穷研。读《大集经》，恨其词义深密，难以开悟，因而注解。文言过半，便感气疾，权停笔功，周行医疗。行至汾州秦陵故墟，入城东门，上望青霄，忽见天门洞开，六欲阶位，上下重复，历然齐睹。由斯疾愈，欲继前作，顾而言曰：“命惟危脆，不定其常。《本草》诸经，具明正治。长年神仙，往往间出。心愿所指，修习斯法，果克既已，方崇佛教，不亦善乎？”承江南陶隐居者，方术所归，广博弘赡，海内宗重，遂往从之。

既达梁朝，时大通中也，乃通名云：“北国虏僧昙鸾，故来奉谒。”时所司疑为细作，推勘无有异词，以事奏闻。帝曰：“斯非觇国者，可引入重云殿，仍从千迷道。”帝先于殿隅却坐绳床，衣以袈裟，覆以衲帽。鸾至殿前，顾望无承对者，见有施张高座，上安几拂，正在殿中，傍无余座，径往升之，竖佛性义。三命帝曰：“大檀越，佛性义深，略已标叙，有疑赐问。”帝却衲帽，便以数关往复，因曰：“今日向晚，明须相见。”鸾从座下，仍前直出，诘曲重沓，二十余门，一无错误。帝极叹讶曰：“此千迷道，从来旧侍，往还疑阻。如何一度，遂乃无迷？”明旦，引入太极殿。帝降阶礼接，问所由来。鸾曰：“欲学佛法，恨年命促减，故来远造陶隐居，求诸仙术。”帝曰：“此傲世遁隐者，比屡征不就，任往造之。”

鸾寻致书通问，陶乃答曰：“去月耳闻音声，兹辰眼受文字。将由顶礼岁积，故使应真来仪。正尔整拂藤蒲，具陈花水，端襟敛思，伫聆警锡也。”及届山，所接对欣然，便以《仙经》十卷，用酬远意。还至浙江，有鲍郎子神者，一鼓涌浪，七日便止。正值波初，无由得度。鸾便往庙所，以情祈告："必如所请，当为起庙。"须臾，神即现形，状如二十，来告鸾曰："若欲度者，明旦当得，愿不食言。"及至明晨，涛犹鼓怒。才入船里，怗然安静。依期达帝，具述由缘。有敕，为江神更起灵庙。因即辞还魏境，欲往名山，依方修治。

行至洛下，逢中国三藏菩提留支。鸾往启曰："佛法中颇有长生不死法，胜此土《仙经》者乎？"留支唾地曰："是何言欤？非相比也。此方何处有长生法？纵得长年，少时不死，终更轮回三有耳。"即以《观经》授之曰："此大仙方，依之修行，当得解脱生死也。"鸾寻顶受，所赍仙方并火焚之。自行化他郡，流靡弘广。魏主重之，号为"神鸾"焉，下敕令住并州大寺。晚复移住汾州北山石壁玄中寺，时往介山之阴，聚徒蒸业，今号鸾公岩是也。以魏兴和四年，因疾卒于平遥山寺，春秋六十有七。临至终日，幡花幢盖，高映院宇，香气蓬勃，音声繁闹。预登寺者，并同瞩之。以事上闻，敕乃葬于汾西泰陵文谷，营建砖塔，并为立碑，今并存焉。

然鸾神宇高远，机变无方，言晤不思，动与事会。调心练气，对病识缘，名满魏都，用为方轨，因出《调气论》。又著作王邵，随文注之。又撰《礼净土十二偈》，续龙树偈后。又撰《安乐集》两卷等，广流于世。仍自号为"有魏玄简大士"云。

●唐迦才《净土论》：

沙门昙鸾法师者，并州汶水人也，魏末、高齐之初犹在。

神智高远，三国知闻。洞晓众经，独步人外。梁国天子萧王，恒向北礼昙鸾菩萨。注解天亲菩萨《往生论》，裁成两卷。法师撰集《无量寿经奉赞》七言偈，百九十五行，并问答一卷，流行于世。劝道俗等，决定往生，得见诸佛。恒请龙树菩萨，临终开悟，诚如所愿。此方报尽，半霄之内现圣僧像，忽来入室云："我是龙树。"便为说曰："已落之叶，不可更附枝也。未束之粟，不可仓中求也。白驹过隙，不可暂时留也。已去者叵返，未来未可追，现在今何在，白驹难可回。"法师妙达言旨，如是告终。即半夜内，发遣使者，遍告诸村白衣弟子，及寺内出家弟子，可三百余人，一时云集。法师沐浴，着新净衣，手执香炉，正面西坐，教诫门徒，索西方业。日初出时，大众齐声念弥陀佛，便即寿终。寺西五里之外，有比丘尼寺，并是门徒，明相出后，集堂食粥，举众皆闻空内有微妙音乐西来东去。中有智者告大众言："法师和尚一生教人修净土业，今此音声向东去者，必应多是迎法师来！"食讫，相命觐法师去，庭前相待，未出寺庭之间，复闻音乐，远在空中，向西而去。尼僧等相与至彼，乃见无常。此依经论，定得生西方也。

●唐文谂、少康《往生西方净土瑞应传》：

齐朝，昙鸾法师，家近五台，洞明诸教。因得此土《仙经》十卷，欲访陶隐居学仙术。后逢三藏菩提，问曰："佛法中有长生不死法，胜此土仙经否？"三藏唾地惊曰："此方何处有长生不死法？纵得延寿，年尽须堕。”即将《无量寿观经》授与鸾曰：“此大仙方，依而行之，长得解脱，永离生死。”鸾便须火，遂焚《仙经？。忽于半夜，见一梵僧入房，语鸾曰：“我是龙树菩萨。”便说偈：“已落叶不可更附枝，未束粟不可仓中求。白驹过隙，不可暂驻。已去者叵返，未来未可追。现在今何在，白驹难可回。”法师乃知寿终，集弟子三百余人，自执香炉面西，教诫门徒，劝崇西方。以日初出时，齐声念佛，即便寿终。寺西五里有一尼寺，闻空中音乐西来东去，须臾又闻东来西去。

●宋王日休《龙舒净土文》：

昙鸾，初自陶隐居得《仙经》十卷，鸾欣然自得，以为神仙必可致也。后遇僧菩提留支，问云：“佛道有长生乎？能却老为不死乎？”支云：“长生不死，吾佛道也。”遂以《十六观经》与之，云：“汝可诵此，则三界无复生，六道无复往。盈虚消息，祸福成败，无得而至。其为寿也，有劫石焉，有河沙焉。沙、石之数有限，寿量之数无穷，此吾金仙氏之长生也。”鸾深信之，遂焚《仙经》，而专修《观经》。虽寒暑之变，疾病之来，亦不懈怠。魏主怜其志尚，又嘉其自行化他，流传甚广，号为“神鸾”。一日，告弟子云：“地狱诸苦，不可以不惧。九品净业，不可以不修。”因令弟子高声念阿弥陀佛，鸾西向闭目叩头而亡。是时僧俗同闻管弦丝竹之声从西而来，良久乃止。

●宋宗晓《乐邦文类》：

释昙鸾，雁门人。少游五台，因感灵异，誓而出俗。三乘、顿、渐，具陶文理。师性好方术，闻江南陶隐居有长生法，千里就之，陶即以所学《仙经》十卷授之。师喜跃自得，以谓神仙必可致也。后还洛下，遇三藏菩提留支，意颇得之，问支曰："佛道有长生乎？其能却老为不死乎？"支笑曰："长生不死，吾佛道也。道家何有焉？"遂以《十六观经》授之，曰："汝可诵此，则三界无复生，六道无长往。盈虚消息，祸福成败，无得而至。其为寿也，有劫石焉，有河沙焉。沙、石之数有限，寿量之数无穷，此吾金仙氏之长生也。"鸾承其语，骤起深信，遂焚所学《仙经》，而专《观经》，修三福业，想像九莲。虽寒暑之变，疾病之侵，不懈于始念。魏主怜其志尚，号为"神鸾"。一夕正持诵次，忽一梵僧昂然入室曰："吾龙树也，所居者净土焉，以汝有净土之心，故来见汝。"鸾曰："何以教我？"树曰："已去不可及，未来未可追，现在今何在，白驹难与回。"言讫而失。鸾以所见胜异，必知死期至矣。即集众盛陈教诫，因令高声唱阿弥陀佛，鸾乃西向瞑目而终。一众同闻管弦丝竹之声由西而来，良久乃寂。魏主感之，敕葬汾西，条其行业以立碑焉。

●明莲池《往生集》：

后魏昙鸾，少游五台，感灵异出家。而性嗜长生，受陶隐居《仙经》十卷。后遇菩提流支，乃问曰：“佛有长生不死术乎？”支笑曰：“长生不死，吾佛道也！”乃授《十六观经》曰：“学此，则三界无复生，六道无复往。其为寿也，河沙、劫石莫能比焉，此吾金仙氏之长生也。”鸾大喜，遂焚《仙经》，而修净业。寒暑、疾痛，曾无少懈。魏主号为“神鸾”。一夕室中见梵僧谓曰：“吾龙树也，久居净土，以汝同志，故来相见。”鸾自知时至，集众教诫曰：“劳生役役，其止无日。地狱诸苦，不可以不惧。九品净业，不可以不修。”因令弟子高声念佛，西向稽颡而终。众闻天乐自西而来，良久乃已。

赞曰：黄冠者恒言曰：“释氏有死，神仙长生。”今支公谓佛有长生，仙无长生。此论痛快简当，高出千古。鸾法师舍伪归真，如脱敝屣，岂非宿有正因者哉！

●清彭希涑《净土圣贤录》：

昙鸾，雁门人。少游五台山，见神迹灵异，因发信心出家。读《大集经》，以其词义深密，因为注解。文言过半，便感气疾，周行医疗，既而叹曰：“人命危脆，旦夕无常。吾闻长年神仙，往往间出，得是法已，方崇佛教，不亦可乎？”遂往江南陶隐居所，恳求仙术，隐居授以《仙经》十卷。欣然而还，至洛下，遇三藏菩提留支。鸾问曰：“佛法中颇有长生不死法，胜此《仙经》者乎？”留支曰：“此方何处有长生不死法？纵得长年，少时不死，卒归轮转，曷足贵乎？夫长生不死，吾佛道也。”乃以《十六观经》授之曰：“学此，则三界无复生，六道无复往。盈虚消息，祸福成败，无得而至。其为寿也，河沙劫量，莫能比也，此吾金仙氏之长生也。”鸾大喜，遂焚《仙经》，而专修净观。自行化他，流布弥广。撰《礼净土十二偈》，续龙树偈。又撰《安乐集》两卷，传于世。魏主重之，号为“神鸾”，敕住并州大寺，晚移汾州玄中寺。兴和四年，一夕室中见梵僧谓曰：“吾龙树也，久居净土。以汝同志，故来相见。”鸾自知时至，集众教诫曰：“劳生役役，其止无日。地狱诸苦，不可不惧。九品净业，不可不修。”因令弟子高声唱佛，西向稽颡而终。在寺者俱见幡花幢盖，自西而来，天乐盈空，良久乃已。事闻于朝，敕葬汾西文谷，建塔立碑。

道绰大师

安乐集卷上

唐并州玄中寺释道绰撰

此《安乐集》一部之内，总有十二大门，皆引经论证明，劝信求往。

● 今先就第一大门内，文义虽众，略作九门料简，然后造文。第一、明教兴所由，约时被机，劝归净土。第二、据诸部大乘，显说听方轨。第三、据大乘圣教，明诸众生发心久近、供佛多少，欲使时会听众，力励发心。第四、辨诸经宗旨不同。第五、明诸经得名各异。如《涅槃》、《般若经》等，就法为名。自有就喻，或有就事，亦有就时、就处，此例非一。今此《观经》，就人、法为名，“佛”是人名，“说观无量寿”是法名也。第六、料简说人差别。诸经起说，不过五种：一者佛自说，二者圣弟子说，三者诸天说，四者神仙说，五者变化说。此《观经》者，五种说中，世尊自说。第七、略明真、应二身，并辨真、应二土。第八、显弥陀净国，位该上下，凡圣通往。第九、明弥陀净国，三界摄与不摄也。

△ 第一、明教兴所由，约时被机，劝归净土者。

若教赴时、机，易修易悟。若机、教、时乖，难修难入。是故《正法念经》云：“行者一心求道时，常当观察时、方便。若不得时，无方便，是名为失，不名利。何者？如钻湿木以求火，火不可得，非时故。若折干薪以觅水，水不可得，无智故。”

是故《大集月藏经》云：“佛灭度后，第一五百年，我诸弟子，学慧得坚固。第二五百年，学定得坚固。第三五百年，学多闻读诵得坚固。第四五百年，造立塔寺、修福忏悔得坚固。第五五百年，白法隐滞，多有诤讼，微有善法得坚固。”又彼经云：“诸佛出世，有四种法度众生。何等为四？一者口说十二部经，即是法施度众生。二者诸佛如来有无量光明、相好，一切众生但能系心观察，无不获益，是即身业度众生。三者有无量德用，神通道力，种种变化，即是神通力度众生。四者诸佛如来有无量名号，若总若别，其有众生系心称念，莫不除障获益，皆生佛前，即是名号度众生。”计今时众生，即当佛去世后第四五百年，正是忏悔修福，应称佛名号时者。若一念称阿弥陀佛，即能除却八十亿劫生死之罪。一念既尔，况修常念，即是恒忏悔人也。

又若去圣近，即前者修定、修慧，是其正学，后者是兼。如去圣已远，则后者称名是正，前者是兼。何意然者？实由众生去圣遥远，机解浮浅暗钝故也。是以韦提大士自为，及哀愍末世五浊众生，轮回多劫，徒受痛烧，故能假遇苦缘，咨开出路豁然。大圣加慈，劝归极乐。若欲于斯进趣，胜果难阶。唯有净土一门，可以情悕趣入。

若欲披寻众典，劝处弥多。遂以采集真言，助修往益。何者？欲使前生者导后，后去者访[①]前，连续无穷，愿不休止，为尽无边生死海故。

△ 第二、据诸部大乘，明说听方轨者，于中有六：

第一、《大集经》云："于说法者，作医王想，作拔苦想。所说之法，作甘露想，作醍醐想。其听法者，作增长胜解想，作愈病想。若能如是，说者、听者，皆堪绍隆佛法，常生佛前。"

第二、《大智度论》云："听者端视如渴饮，一心入于语议中，闻法踊跃心悲喜，如是之人应为说。"

第三、彼论又云："有二种人，得福无量无边。何等为二？一者乐说法人，二者乐听法人。是故阿难白佛言：'舍利弗、目连，何以所得智慧、神通，于圣弟子中最为殊胜？'佛告阿难：'此之二人，于因中时，为法因缘，千里不难，是故今日最为殊胜。'"

第四、《无量寿大经》云："若人无善本，不得闻此经。清净有戒者，乃获闻正法。"

---

① "访"，原本作"昉"，二字相通，今依金陵本改。

第五、又云："曾更见世尊，则能信此事。奉事亿如来，乐闻如是教。"

第六、《无量清净觉经》云："善男子、善女人，闻说净土法门，心生悲喜，身毛为竖，如拔出者，当知此人，过去宿命，已作佛道也。若复有人，闻开净土法门，都不生信者，当知此人，始从三恶道来，殃咎未尽，为此无信向耳。我说此人未可得解脱也。"是故《无量寿大经》云："骄慢弊懈怠，难以信此法。"

△ 第三、据大乘圣教，明众生发心久近，供佛多少者。

如《涅槃经》云：佛告迦叶菩萨："若有众生，于熙连半恒河沙等诸佛所发菩提心，然后乃能于恶世中，闻是大乘经典，不生诽谤。若有于一恒河沙等佛所发菩提心，然后乃能于恶世中，闻经不起诽谤，深生爱乐。若有于二恒河沙等佛所发菩提心，然后乃能于恶世中，不谤是法，正解信乐，受持读诵。若有于三恒河沙等佛所发菩提心，然后乃能于恶世中，不谤是法，书写经卷，虽为人说，未解深义。"何以故？须如此校量者，为彰今日座下闻经者，曾已发心供养多佛也，又显大乘经之威力不可思议。是故经云："若有众生闻是经典，亿百千劫不堕恶道。何以故？是妙经典所流布处，当知其地即是金刚，是中诸人亦如金刚。"故知闻经生信者，皆获不可思议利益也。

△ 第四、次辨诸经宗旨不同者。

若依《涅槃经》，佛性为宗。若依《维摩经》，不可思议解脱为宗。若依《般若经》，空慧为宗。若依《大集经》，陀罗尼为宗。今此《观经》，以观佛三昧为宗。若论所观，不过依、正二报，如下依诸观所辨。

若依《观佛三昧经》云：佛告父王："诸佛出世，有三种益：一者，口说十二部经，法施利益，能除众生无明暗障，开智慧眼，生诸佛前，早得无上菩提。二者，诸佛如来有身相光明、无量妙好，若有众生称念观察，若总相，若别相，无问佛身现在、过去，皆能除灭众生四重五逆，永背三途，随意所乐，常生净土，乃至成佛。三者，劝令父王行念佛三昧。"父王白佛："佛地果德，真如实相第一义空，何因不遣弟子行之？"佛告父王："诸佛果德，有无量深妙境界，神通解脱，非是凡夫所行境界。故劝父王行念佛三昧。"父王白佛："念佛之功，其状云何？"佛告父王："如伊兰林，方四十由旬。有一棵牛头栴檀，虽有根芽，犹未出土。其伊兰林，唯臭无香，若有啖其花果，发狂而死。后时栴檀根芽渐渐生长，才欲成树，香气昌盛，遂能改变此林，普皆香美。众生见者，皆生稀有心。"佛告父王："一切众生，在生死中。念佛之心，亦复如是，但能系念不止，定生佛前。一得往生，即能改变一切诸恶，成大慈悲，如彼香树改伊兰林。"所言"伊兰林"者，喻众生身内三毒、三障、无边重罪。言"栴檀"者，喻众生念佛之心。"才欲成树"者，谓一切众生，但能积念不断，业道成办也。

问曰：计一切众生念佛之功，亦应一切可知。何因一念之力，能断一切诸障，如一香树，改四十由旬伊兰林，悉使香美也？

答曰：依诸部大乘，显念佛三昧功能不可思议也。何者？如《华严经》云："譬如有人，用狮子筋以为琴弦，音声一奏，一切余弦悉皆断坏。若人菩提心中行念佛三昧者，一切烦恼，一切诸障，悉皆断灭。亦如有人，搆取牛羊驴马一切诸乳，置一器中。若持狮子乳一滴投之，直过无难，一切诸乳悉皆破坏，变为清水。若人但能菩提心中行念佛三昧者，一切恶魔诸障，直过无难。"又彼经云："譬如有人持翳身药，处处游行，一切余人不见是人。若能菩提心中行念佛三昧者，一切恶神、一切诸障不见是人，随所诣处，无能遮障也。"何故能尔？此念佛三昧，即是一切三昧中王故也。

△ 第七、略明三身三土义。

问曰：今现在阿弥陀佛是何身？极乐之国是何土？

答曰：现在弥陀是报佛，极乐宝庄严国是报土。然古旧相传，皆云阿弥陀佛是化身，土亦是化土，此为大失也。若尔者，秽土亦化身所居，净土亦化身所居者，未审如来报身更依何土也？今依《大乘同性经》，辨定报化净秽者。经云："净土中成佛者，悉是报身。秽土中成佛者，悉是化身。"彼经云："阿弥陀如来、莲花开敷星王如来、龙主王如来、宝德如来等诸如来，清净佛刹，现得道者，当得道者，如是一切皆是报身佛也。何者如来化身？由如今日踊步健如来、魔恐怖如来，如是等一切如来，秽浊世中，如现成佛者，当成佛者，从兜率下，乃至住持一切正法、一切像法、一切末法，如是化事，皆是化身佛也。何者如来法身？如来真法身者，无色无形，无现无着，不可见，无言说，无住处，无生无灭，是名真法身义也。”

问曰：如来报身常住，云何《观音授记经》云“阿弥陀佛入涅槃后，观世音菩萨次补佛处”也？

答曰：此是报身示现隐没相，非灭度也。彼经云：“阿弥陀佛入涅槃后，复有深厚善根众生，还见如故。”即其证也。又《宝性论》云，报身有五种相：“说法及可见，诸业不休息，及休息隐没，示现不实体。”即其证也。

问曰：释迦如来报身、报土，在何方也？

答曰：《涅槃经》云：“西方去此四十二恒河沙佛土，有世界名曰无胜。彼土所有庄严，亦如西方极乐世界，等无有异。我于彼土，出现于世。为化众生，故来在此娑婆国土。但非我出此土，一切如来亦复如是。”即其证也。

问曰：《鼓音经》云，阿弥陀佛有父母。明知非是报佛、报土也。

答曰：子但闻名，不究寻经旨，致此疑，可谓错之毫毛，失之千里。然阿弥陀佛亦具三身，极乐出现者，即是报身。今言有父母者，是秽土中示现化身父母也。亦如释迦如来，净土中成其报佛；应来此方，示有父母，成其化佛。阿弥陀佛亦复如是。又如《鼓音声经》云：“尔时阿弥陀佛与声闻众俱，国号清泰，圣王所住，其城纵广十千由旬。阿弥陀佛父是转轮圣王，王名月上，母名殊胜妙颜。魔王名无胜，佛子名月明，提婆达多名寂意，给侍弟子名无垢称。”又上来所引，并是化身之相。若是净土，岂有轮王及城、女人等也？此即文义炳然，何待分别？皆不善寻究，致使迷名生执也。

问曰：若报身有隐没休息相者，亦可净土有成坏事？

答曰：如斯难者，自古将今，义亦难通。虽然，今敢引经为证，义亦可知。譬如佛身常住，众生见有涅槃。净土亦尔，体非成坏，随众生所见，有成有坏。如《华严经》云：“由如见导师，种种无量色，随众生心行，见佛刹亦然。”是故《净土论》云：“一质不成故，净秽有亏盈。异质不成故，搜原则冥一。无质不成故，缘起则万形。”故知若据法性净土，则不论清浊。若据报、化大悲，则非无净秽也。

又泛明佛土，对机感不同，有其三种差别：一者，从真垂报，名为报土。犹如日光照四天下，法身如日，报、化如光。二者，无而忽有，名之为化。即如《四分律》云：“锭光如来化提婆城，与拔提城相近，共为亲婚往来。后时忽然化火烧却，令诸众生睹此无常，莫不生厌，归向佛道也。”是故经云：“或现劫火烧，天地皆洞燃，众生有常想，照令知无常。

或为济贫乏，现立无尽藏，随缘广开导，令发菩提心。”三者，隐秽显净。如《维摩经》：“佛以足指按地，三千刹土，莫不严净。”今此无量寿国，即是从真垂报国也。何以得知？依《观音授记经》云：“未来观音成佛，替阿弥陀佛处。”故知是报也。

△ 第八、明弥陀净国，位该上下，凡圣通往者。

今此无量寿国，是其报净土。由佛愿故，乃该通上下，致令凡夫之善，并得往生。由该上故，天亲、龙树，及上地菩萨，亦皆生也。是故《大经》云：弥勒菩萨问佛：“未知此界，有几许不退菩萨，得生彼国？”佛言：“此娑婆世界，有六十七亿不退菩萨，皆当往生。若欲广引，余方皆尔。”

问曰：弥陀净国，既云位该上下，无问凡圣，皆通往者。未知唯修无相得生，为当凡夫有相亦得生也？

答曰：凡夫智浅，多依相求，决得往生。然以相善力微，但生相土，唯睹报、化佛也。

是故《观佛三昧经·菩萨本行品》云：文殊师利白佛言：“当知我念过去无量劫数，为凡夫时，彼世有佛，名宝威德上王如来。彼佛出时，与今无异。彼佛亦长丈六，身紫金色，说三乘法，如释迦文。尔时彼国有大长者，名一切施。长者有子，名曰戒护。子在母胎时，母以敬信故，预为其子受三归依。子既生已，年至八岁，父母请佛，于家供养。童子见佛，为佛作礼，敬佛心重，目不暂舍。一见佛故，即得除却百万亿那由他劫生死之罪。从是以后，常生净土，即得值遇百亿那由他恒河沙佛，是诸世尊，亦以相好，度脱众生。尔时童子一一亲侍，间无空缺，礼拜供养，合掌观佛。以因缘力故，复得值遇百万阿僧祇佛，彼诸佛等，亦以色身相好，化度众生。从是以后，即得百千亿念佛三昧门，复得阿僧祇陀罗尼门。既得此已，诸佛现前，乃为说无相法，须臾之间，得首楞严三昧。时彼童子，但受三归，一礼佛故，谛观佛身，心无疲厌，由此因缘，值无数佛，何况系念具足思惟观佛色身。时彼童子，岂异人乎？是我身也。”尔时世尊赞文殊言：“善哉善哉！汝以一礼佛故，得值无数诸佛。何况未来我诸弟子，勤观佛者，勤念佛者。”佛敕阿难：“汝持文殊师利语，遍告大众，及未来世众生。若能礼佛者，若能念佛者，若能观佛者，当知此人，与文殊师利，等无有异。舍身他世，文殊师利等诸菩萨，为其和上。”以此文证，故知净土该通相土，往生不谬。若知无相离念为体，而缘中求往者，多应上辈生也。

是故天亲菩萨论云：“若能观二十九种庄严清净，即略入一法句。一法句者，谓清净句。清净句者，即是智慧无为法身故。何故须广略相入者？但诸佛菩萨有二种法身：一者法性法身，二者方便法身。由法性法身故，生方便法身。由方便法身故，显出法性法身。此二种法身，异而不可分，一而不可同，是故广略相入。菩萨若不知广略相入，则不能自利利他。无为法身者，即法性身也。法性寂灭故，即法身无相也。法身无相故，则能无不相，是故相好庄严，即是法身也。法身无知故，则能无不知，是故一切种智，即是真实智慧也。虽知就缘观总、别二句，莫非实相也。以知实相故，即知三界众生虚妄相也。以知三界众生虚妄故，即起真实慈悲也。以知真实慈悲故，即起真实归依也。”今之行者，无问缁素，但能知生无生，不违二谛者，多应落在上辈生也。

△ 第九、明弥陀净国，三界摄与不摄。

问曰：安乐国土，于三界中何界所摄？

答曰：净土胜妙，体出世间。此三界者，乃是生死凡夫之暗宅，虽复苦乐少殊，修短有异，统如观之，莫非有漏之长津，倚伏相乘，循环无际，杂生触受，四倒长拘，且因且果，虚伪相习，深可厌也。是故净土非三界摄。

又依《智度论》云：“净土果报，无欲故，非欲界；地居故，非色界；有形色故，非无色界。虽言地居，精胜妙绝。”是故天亲论云：“观彼世界相，胜过三界道，究竟如虚空，广大无边际。”是故《大经赞》云：“妙土广大超数限，自然七宝所合成，佛本愿力庄严起，稽首清净大摄受。世界光耀妙殊绝，适悦晏安无四时，自利利他力圆满，归命方便巧庄严。”

● 第二大门中，有三番料简：第一、明发菩提心；第二、破异见邪执；第三、广施问答，释去疑情。

△ 就初发菩提心内有四番：一、出菩提心功用；二、出

菩提名体；三、显发心有异；四、问答解释。

第一、出菩提心功用者。《大经》云："凡欲往生净土，要须发菩提心为源。"云何菩提者？乃是无上佛道之名也。若欲发心作佛者，此心广大，遍周法界；此心究竟，等若虚空；此心长远，尽未来际；此心普备，离二乘障。若能一发此心，倾无始生死有轮，所有功德回向菩提，皆能远诣佛果，无有失灭。譬如寄花五净，风日不萎；附水灵河，世旱无竭。

第二、出菩提名体者。然菩提有三种：一者法身菩提，二者报身菩提，三者化身菩提也。言法身菩提者，所谓真如实相第一义空，自性清净，体无秽染，理出天真，不假修成，名为法身；佛道体本，名曰菩提。言报身菩提者，备修万行，能感报佛之果，以果酬因，名曰报身；圆通无碍，名曰菩提。言化身菩提者，谓从报起用，能趣万机，名为化身；益物圆通，名曰菩提。

第三、显发心有异者。今谓行者修因发心，具其三种：一者要须识达有无，从本以来，自性清净；二者缘修万行、八万四千诸波罗蜜门等；三者大慈悲为本，恒拟运度为怀。此之三因，能与大菩提相应，故名发菩提心。又据《净土论》云："今言发菩提心者，即是愿作佛心。愿作佛心者，即是度众生心。度众生心者，即摄取众生生有佛国土心。今既愿生净土，故先须发菩提心也。"

第四、问答解释者。

问曰：若备修万行，能感菩提，得成佛者。何故《诸法无行经》云："若人求菩提，即无有菩提。是人远菩提，犹如天与地。"

答曰：菩提正体，理求无相。今作相求，不当理实，故名"人远"也。是故经言："菩提者，不可以心得，不可以身得"也。今谓行者虽知修行往求，了了识知理体无求，仍不坏假名，是故备修万行，故能感也。是故《大智度论》云："若人见般若，是则为被缚。若不见般若，是亦为被缚。若人见般若，是则为解脱。若不见般若，是亦为解脱。"龙树菩萨释曰："是中不离四句者为缚，离四句者为解。"今祈菩提，但能如此修行，即是不行而行。不行而行者，不违二谛大道理也。

又依天亲《净土论》云："凡欲发心会无上菩提者，有其二义：一者先须离三种与菩提门相违法，二者须知三种顺菩提门法。何等为三？一者依智慧门，不求自乐，远离我心贪着自身故。二者依慈悲门，拔一切众生苦，远离无安众生心故。三者依方便门，怜愍一切众生心，远离恭敬供养自身心故。是名远离三种菩提门相违法。顺菩提门者，菩萨远离如是三种菩提门相违法，即得三种随顺菩提门法。何等为三？一者无染清净心，不为自身求诸乐故。菩提是无染清净处，若为自身求乐，即违菩提门。是故无染清净心，是顺菩提门。二者安清净心，为拔一切众生苦故。菩提是安隐一切众生清净处，若不作心拔一切众生离生死苦，即便违菩提。是故拔一切众生苦，是顺菩提门。三者乐清净心，欲令一切众生得大菩提故，摄取众生生彼国土故。菩提是毕竟常乐处，若不令一切众生得毕竟常乐者，则违菩提门。此毕竟常乐，依何而得？要依大义门。大义门者，谓彼安乐佛国是也。”故令一心专至，愿生彼国，欲使早会无上菩提也。

△ 第二、明破异见邪执者，就中有二[①]：一、总生起，欲令后代学者，明识是非，去邪向正；二、广就系情，显正破之。总生起者，然大乘深藏，名义尘沙，是故《涅槃经》云：“一名无量义，一义无量名。”要须遍审众典，方晓部旨。非如小乘、俗书，案文毕义，何意须然。但净土幽廓，经论隐显，致令凡情种种图度，恐涉谄语刁刁，百盲偏执，杂乱无知，妨碍往生。今且举少状，一一破之，就中有其九番：第一、破妄计大乘无相异见偏执；第二、会通菩萨爱见大悲；第三、破系心外无法；第四、破愿生秽国，不愿往生净土；第五、破若生净土多喜着乐；第六、破求生净土便是小乘；第七、破求生兜率，劝不归净土；第八、会通若求生十方净土，不如归西；第九、料简别时之意。

① 原本“就中有二”前有“第一破大乘无相妄执者”十字，此后至“一一破之”，在本段九番异见名目后、下段“第一破妄计大乘无相者”前，疑为前后错简。今乃置前，并删去衍文，于语义更顺。

第一、破妄计大乘无相者。

问曰：或有人言："大乘无相，勿念彼此。若愿生净土，便是取相，转增漏缚。"何用求之？

答曰：如此计者，将谓不然。何者？一切诸佛说法，要具二缘：一依法性实理，二须顺其二谛。彼计大乘无念，但依法性，然谤无缘求，即是不顺二谛。如此见者，堕灭空所收。是故《无上依经》云：佛告阿难："一切众生，若起我见如须弥山，我所不惧。何以故？此人虽未即得出离，常不坏因果，不失果报故。若起空见如芥子，我即不许。何以故？此见者破丧因果，多堕恶道；未来生处，必背我化。"今劝行者，理虽无生，然二谛道理，非无缘求，一切得往生也。是故《维摩经》云："虽观诸佛国，及与众生空，而常修净土，教化诸群生。"又彼经云："虽行无作，而现受身，是菩萨行。虽行无起，而起一切善行，是菩萨行。"是其真证也。

问曰：今世间有人行大乘无相，亦不存彼此，全不护戒相。是事云何？

答曰：如此计者，为害滋甚。何者？如《大方等经》云：佛为优婆塞制戒，不得至寡妇处女家、沽酒家、蓝染家、压油家、熟皮家，悉不得往来。阿难白佛言："世尊为何等人制如斯戒？"佛告阿难："行者有二种：一者在世人行，二者出世人行。出世人者，吾不制上事。在世人者，吾今制之。何以故？一切众生，悉是吾子，佛是一切众生父母。遮制约勒，早出世间，得涅槃故。”

第二、会通菩萨爱见大悲者。

问曰：依大乘圣教，菩萨于诸众生，若起爱见大悲，即应舍离。今劝众生共生净土，岂非爱染取相？若为免其尘累也？

答曰：菩萨行法，功用有二。何者？一证空慧般若，二具大悲。一以修空慧般若力故，虽入六道生死，不为尘染所系。二以大悲念众生故，不住涅槃。菩萨虽处二谛，常能妙舍有无，取舍得中，不违大道理也。是故《维摩经》云：“譬如有人，欲于空地造立宫舍，随意无碍。若于虚空，终不能成。菩萨亦如是，为欲成就众生故，愿取佛国。愿取佛国者，非于空也。”

第三、破系心外无法者，就中有二：一、破计情；二、问答解释。

问曰：或有人言：“所观净境，约就内心。净土融通，心净即是。心外无法，何须西入？”

答曰：但法性净土，理处虚融，体无偏局，此乃无生之生，上士堪入。是故《无字宝箧经》云：“善男子，复有一法，是佛所觉。所谓诸法不去不来，无因无缘，无生无灭，无思无不思，无增无减。”佛告罗睺罗言：“汝今受持我此所说正法义否？”尔时十方有九亿菩萨，即白佛言：“我等皆能持此法门，当为众生流通不绝。”世尊答言：“是善男子等，则为两肩荷担菩提，彼人即得不断辩才，得善清净诸佛世界，命终之时，即得现见阿弥陀佛与诸圣众住其人前，得往生也。”自有中下之辈，未能破相，要依信佛因缘，求生净土，虽至彼国，还居相土。又云：若摄缘从本，即是心外无法。若分二谛明义，净土无妨是心外法也。

二、问答解释。

问曰：向言无生之生，唯上士能入，中下不堪者。为当直将人约法作如此判，为当亦有圣教来证？

答曰：依《智度论》云：“新发意菩萨，机解软弱，虽言发心，多愿生净土。何意然者？譬如婴儿，若不近父母恩养，或堕坑落井，火蛇等难，或乏乳而死。要假父母摩洗养育，方可长大，能绍继家业。菩萨亦尔，若能发菩提心，多愿生净土，亲近诸佛，增长法身，方能匡绍菩萨家业，十方济运。为斯益故，多愿生也。”又彼论云：“譬如鸟子，翅翮未成，不可逼令高翔。先须依林传树，羽成有力，方可舍林游空。新发意菩萨亦尔，先须乘愿求生佛前，法身成长，随感赴益。”又阿难白佛言：“此无相波罗蜜，在何处说？”佛言：“如此法门，在阿毗跋致地中说。何以故？有新发意菩萨，闻此无相波罗蜜门，所有清净善根，悉当灭没也。”又来但至彼国，即一切事毕，何用诤此深浅理也！

第四、破愿生秽土，不愿生净土者。

问曰：或有人言：“愿生秽国教化众生，不愿往生净土。”是事云何？

答曰：此人亦有一徒。何者？若身居不退以去，为化杂恶众生故，能处染不染，逢恶不变。如鹅鸭入水，水不能湿。如此人等，堪能处秽拔苦。若是实凡夫者，唯恐自行未立，逢苦即变。欲济彼者，相与俱没。如似逼鸡入水，岂能不湿？是故《智度论》云：“若凡夫发心，即愿在秽土拔济众生者，圣意不许。”何意然者？龙树菩萨释云：“譬如四十里冰，如有一人，以一升热汤投之，当时似如少减，若经夜至明，乃高于余者。凡夫在此发心救苦，亦复如是，以贪瞋境界违顺多故，自起烦恼，反堕恶道故也。”

第五、破若生净土多喜着乐者。

问曰：或有人言：“净土之中，唯有乐事，多喜着乐，妨废修道。”何须愿往生也？

答曰：既云净土，无有众秽。若言着乐，便是贪爱烦恼，何名为净？是故《大经》云：“彼国人天，往来进止，情无所系。”又四十八愿云：“十方人天，来至我国，若起想念，贪计身者，不取正觉。”《大经》又云：“彼国人天，无所适莫。”何有着乐之理也？

第六、破求生净土便是小乘。

问曰：或有人言：“求生净土，便是小乘。”何须修之？

答曰：此亦不然。何以故？但小乘之教，一向不明生净土故也。

第七、会通愿生兜率，劝归净土者。

问曰：或有人言：“愿生兜率，不愿归西。”是事云何？

答曰：此义不类，少分似同，据体大别，有其四种。何者？一、弥勒世尊为其天众，转不退法轮，闻法生信者获益，名为似同。着乐无信者，其数非一。又来虽生兜率，位是退处，是故经云：“三界无安，犹如火宅。”二、往生兜率，正得寿命四千岁，命终之后，不免退落。三、兜率天上，虽有水鸟、树林，和鸣哀雅，但与诸天生乐为缘，顺于五欲，不资圣道。若向弥陀净国，一得生者，悉是阿毗跋致，更无退人与其杂居。又复位是无漏，出过三界，不复轮回。论其寿命，即与佛齐，非算数能知。其有水鸟、树林，皆能说法，令人悟解，证会无生。四、据《大经》，且以一种音乐比较者，《经赞》言：“从世帝王至六天，音乐转妙有八重，辗转胜前亿万倍，宝树音丽倍亦然。复有自然妙伎乐，法音清和悦心神，哀婉雅亮超十方，是故稽首清净勋。”

第八、校量愿生十方净土，不如归西方者。

问曰：或有人言：“愿生十方净国，不愿归西方。”是义云何？

答曰：此义不类，于中有三。何者？一、十方佛国，非为不净。然境宽则心昧，境狭则意专。是故《十方随愿往生经》云：普广菩萨白佛言：“世尊，十方佛土皆为严净，何故诸经中偏叹西方阿弥陀国，劝往生也？”佛告普广菩萨：“一切众生，浊乱者多，正念者少。欲令众生专志有在，是故赞叹彼国，为别异耳。若能依愿修行，莫不获益。”二、十方净土，虽皆是净，而深浅难知。弥陀净国，乃是净土之初门。何以得知？依《华严经》云：“娑婆世界一劫，当极乐世界一日一夜。极乐世界一劫，当袈裟幢世界一日一夜。如是优劣相望，乃有十阿僧祇。”故知为净土初门，是故诸佛偏劝也。余方佛国，都不如此叮咛。是故有信之徒，多愿往生也。三、弥陀净国，既是净土初门。娑婆世界，即是秽土末处。何以得知？如《正法念经》云：“从此东北，有一世界，名曰斯诃。土田唯有三角沙石，一年三雨，一雨湿润不过五寸。其土众生，唯食果子，树皮为衣，求生不得，求死不得。复有一世界，一切虎狼禽兽，乃至蛇蝎，悉皆有翅飞行，逢者相啖，不简善恶。”此岂不名秽土始处？然娑婆依报，乃与贤圣同流，唯此乃是秽土终处。安乐世界既是净土初门，即与此方境次相接，往生甚便，何不去也？

第九、据《摄论》，与此经相违，料简别时意语者。

今《观经》中，佛说下品生人，现造重罪，临命终时，遇善知识，十念成就，即得往生。依《摄论》云，道佛别时意语。又古来通《论》之家，多判此文，云：“临终十念，但得作往生因，未即得生。何以得知？《论》云：‘如以一金钱，贸得千金钱，非一日即得。’故知十念成就者，但得作因，未即得生，故名‘别时意语’。”如此解者，将为未然。何者？凡菩萨作论释经，皆欲远扶佛意，契会圣情。若有论文违经者，无有是处。

今解“别时意语”者，谓佛常途说法，皆明先因后果，理数炳然。今此经中，但说一生造罪，临命终时，十念成就，即得往生，不论过去有因无因者，直是世尊引接当来造恶之徒，令其临终舍恶归善，乘念往生，是以隐其宿因。此是世尊隐始显终，没因谈果，名作别时意语。何以得知？但使十念成就，皆有过去因。如《涅槃经》云：“若人过去已曾供养半恒河沙诸佛，复经发心，而能于恶世中闻说大乘经教，但能不谤，未有余功。若经供养一恒河沙诸佛，及经发心，然后闻大乘经教，非直不谤，复加爱乐。”以此诸经来验，明知十念成就者，皆有过因不虚。若彼过去无因者，善知识尚不可逢遇，何况十念而可成就也？《论》云“以一金钱，贸得千金钱，非一日即得”者。若据佛意，欲令众生多积善因，便乘念往生。若望论主，乘闭过去因，理亦无爽。若作此解，即上顺佛经，下合论意。即是经、论相扶，往生路通，无复疑惑也。

△ 第三、明广施问答，释去疑情者。

自下就《大智度论》，广施问答。

问曰：但一切众生，从旷大劫来，备造有漏之业，系属三界。云何不断三界系业，直尔少时念阿弥陀佛，即得往生，便出三界者？此系业之义，复欲云何？

答曰：有二种解释：一就法来破，二借喻以显。言就法者，诸佛如来有不思议智、大乘广智、无等无伦最上胜智。不思议智力者，能以少作多，以多作少，以近为远，以远为近，以轻为重，以重为轻。有如是等智，无量无边不可思议。自下第二有七番，并借喻以显。第一、譬如百夫，百年聚薪，积高千仞。豆许火焚，半日便尽。岂可得言百年之薪，半日不尽也？第二、譬如躄者，寄载他船，因风帆势，一日至于千里，岂可得言躄者云何一日至千里也？第三、亦如下贱贫人，获一瑞物，而以贡王。王庆所得，加诸重赏。斯须之顷，富贵盈望。岂可得言以数十年仕，备尽辛勤，上下尚不达而归者，言彼富贵无此事也？第四、犹如劣夫，以己身力，掷驴不上。若从轮王行，便乘虚空，飞腾自在。岂可得言以劣夫之力，必不能升虚空也？第五、又如十围之索，千夫不制。童子挥剑，倏尔两分。岂可得言童子之力不能断索也？第六、又如鸩鸟入水，鱼蚌斯毙。犀角触泥，死者还活。岂可得言性命一断，不可生也？第七、亦如黄鹄唤子安，子安还活。岂可得言坟下千龄，决无可苏也？一切万法，皆有自力、他力，自摄、他摄，千开万闭，无量无边。汝岂得以有碍之识，疑彼无碍之法乎？又五不思议中，佛法最不可思议。汝以三界系业为重，疑彼少时念佛为轻，不得往生安乐国入正定聚者，是事不然。

问曰：大乘经云："业道如秤，重处先牵。"云何众生一形以来，或百年，或十年，乃至今日，无恶不造。云何临终，遇善知识，十念相续，即得往生？若尔者，先牵之义，何以取信？

答曰：汝谓一形恶业为重，以下品人十念之善以为轻者，今当以义校量。轻重之义者，正明在心、在缘、在决定，不在时节久近多少也。云何在心？谓彼人造罪时，自依止虚妄颠倒心生。此十念者，依善知识方便安慰，闻实相法生。一实一虚，岂得相比也？何者？譬如千岁暗室，光若暂至，即便明朗，岂可得言暗在室千岁而不去也？是故《遗日摩尼宝经》云：佛告迦叶菩萨："众生虽复数千巨亿万劫，在爱欲中，为罪所覆。若闻佛经，一反念善，罪即消尽也。"是名在心。二、云何在缘者？谓彼人造罪时，自依止妄想，依烦恼果报众生生。今此十念者，依止无上信心，依阿弥陀如来真实清净无量功德名号生。譬如有人被毒箭所中，彻筋破骨，若闻灭除药鼓声，即箭出毒除。岂可得言彼箭深毒厉，闻鼓音声不能拔箭去毒也？是名在缘。三、云何在决定者？彼人造罪时，自依止有后心、有间心生。今此十念者，依止无后心、无间心起，是为决定。又《智度论》云：一切众生临终之时，刀风解形，死苦来逼，生大怖畏。是故遇善知识，发大勇猛，心心相续十念，即是增上善根，便得往生。又如有人对敌破阵，一形之力，一时尽用。其十念之善，亦如是也。又若人临终时，生一念邪见，增上恶心，即能倾三界之福，即入恶道也。

问曰：既云垂终十念之善，能倾一生恶业，得生净土者。未知几时为十念也？

答曰：如经说云："百一生灭，成一刹那。六十刹那，以为一念。”此依经论泛解“念”也。今时解“念”，不取此时节。但忆念阿弥陀佛，若总相，若别相，随所缘观，经于十念，无他念想间杂，是名十念。又云：十念相续者，是圣者一数之名耳，但能积念凝思，不缘他事，使业道成办便罢，不用亦未劳记之头数也。又云：若久行人念，多应依此。若始行人念者，记数亦好，此亦依圣教。

又问曰：今欲依劝，行念佛三昧，未知计念相状何似？

答曰：譬如有人，于空旷迥处，值遇怨贼，拔刀奋勇，直来欲杀。此人径走，视渡一河，未及到河，即作此念：“我至河岸，为脱衣渡？为着衣浮？若脱衣渡，唯恐无暇。若着衣浮，复畏首领难全。”尔时但有一心作渡河方便，无余心想间杂。行者亦尔，念阿弥陀佛时，亦如彼人念渡，念念相次，无余心想间杂，或念佛法身，或念佛神力，或念佛智慧，或念佛毫相，或念佛相好，或念佛本愿，称名亦尔，但能专至，相续不断，定生佛前。今劝后代学者，若欲会其二谛，但知念念不可得，即是智慧门；而能系念相续不断，即是功德门。是故经云：“菩萨摩诃萨，恒以功德、智慧，以修其心。”若始学者，未能破相，但能依相专至，无不往生，不须疑也。

又问曰：《无量寿大经》云：“十方众生，至心信乐，欲生我国，乃至十念，若不生者，不取正觉。”今有世人闻此圣教，现在一形，全不作意，拟临终时方欲修念，是事云何？

答曰：此事不类。何者？经云“十念相续”，似若不难。

然诸凡夫，心如野马，识剧猿猴，驰骋六尘，何曾停息？各须宜发信心，预自克念，使积习成性，善根坚固也。如佛告大王：“人积善行，死无恶念。如树先倾，倒必随曲也。”若刀风一至，百苦凑身，若习先不在怀，念何可办？各宜同志三五，预结言要，临命终时，迭相开晓，为称弥陀名号，愿生安乐国，声声相次，使成十念也。譬如蜡印印泥，印坏文成。此命断时，即是生安乐国时。一入正定聚，更何所忧？各宜量此大利，何不预克念也？

又问曰：诸大乘经论，皆言：“一切众生，毕竟无生，犹若虚空。”云何天亲、龙树菩萨皆愿往生也？

答曰：言众生毕竟无生如虚空者，有二种义：一者，如凡夫人所见实众生、实生死等，若据菩萨往生，毕竟如虚空、如兔角。二者，今言生者，是因缘生；因缘生故，即是假名生；假名生故，即是无生，不违大道理也。非如凡夫谓有实众生、实生死也。

又问曰：夫生为有本，乃是众累之元。若知此过，舍生求无生者，可有脱期。今既劝生净土，即是弃生求生，生何可尽？

答曰：然彼净土，乃是阿弥陀如来清净本愿，无生之生。非如三有众生，爱染虚妄执着生也。何以故？夫法性清净，毕竟无生，而言生者，得生者之情耳。

又问曰：如上所言，知生无生，当上品生者。若尔，下品生人，乘十念往生者，岂非取实生也？若实生者，即堕二疑：一恐不得往生，二谓此相善不能与无生为因也。

答曰：释有三番：一、譬如净摩尼珠，置之浊水，以珠威力，水即澄清。若人虽有无量生死罪浊，若闻阿弥陀如来至极无生清净宝珠名号，投之浊心，念念之中，罪灭心净，即便往生。二、如净摩尼珠，以玄黄帛裹，投之于水，水即玄黄，一如物色。彼清净佛土，有阿弥陀如来无上宝珠名号，以无量功德成就帛裹，投之所往生者心水之中，岂不能转生为无生智乎？三、亦如冰上燃火，火猛则冰液，冰液则火灭。彼下品往生人，虽不知法性无生，但以称佛名力，作往生意，愿生彼土，既至无生界时，见生之火自然而灭也。

又问曰：依何身故，说往生也？

答曰：于此间假名人中，修诸行门，前念与后念作因。秽土假名人、净土假名人，不得决定一，不得决定异。前心、后心亦如是。何以故？若决定一，则无因果。若决定异，则非相续。以是义故，横竖虽别，始终是一行者也。

又问曰：若人但能称佛名号，能除诸障者。若尔，譬如有人以指指月，此指应能破暗也。

答曰：诸法万差，不可一概。何者？自有名即法，自有名异法。有名即法者，如诸佛菩萨名号、禁咒音辞、修多罗章句等是也。如《禁肿[1]辞》曰："日出东方，乍赤乍黄。"假令酉、亥行禁，患者亦愈。又如有人被狗所啮，炙虎骨熨之，患者即愈。或时无骨，好撇掌摩之，口中唤言："虎来虎来。"患者亦愈。或复有人患脚转筋，炙木瓜枝熨之，患者即愈。或无木瓜，炙手摩之，口唤："木瓜木瓜。"患者亦愈，吾身得其效也。何以故？以名即法故。有名异法者，如以指指月是也。

又问曰：若人但称念弥陀名号，能除十方众生无明黑暗，得往生者。然有众生称名忆念，而无明犹在，不满所愿者，何意？

答曰：由不如实修行，与名义不相应故也。所以者何？谓不知如来是实相身，是为物身。复有三种不相应：一者信心不淳，若存若亡故；二者信心不一，谓无决定故；三者信心不相续，谓余念间故。迭相收摄，若能相续，则是一心，但能一心，即是淳心。具此三心，若不生者，无有是处。

● 第三大门中，有四番料简：第一、辨难行道、易行道；第二、明时劫大小不同；第三、明从无始世劫以来，处此三界五道，乘善恶二业，受苦乐两报，轮回无穷，受生无数；第四、将圣教证成，劝后代生信求往。

① "肿"，原本作"咒"，其文引自昙鸾《往生论注》，今据原作改。

△ 第一、辨难行道、易行道者，于中有二：一、出二种道；二、问答解释。

余既自居火界，实想怀怖。仰惟大圣，三车招慰。且羊、鹿之运，权息未达，佛诃邪执，障上求菩提，纵后回向，仍名迂回。若径攀大车，亦是一途，只恐现居退位，险径遥长，自德未立，难可升进。是故龙树菩萨云："求阿毗跋致，有二种道：一者难行道，二者易行道。"言难行道者，谓在五浊之世，于无佛时，求阿毗跋致为难。此难乃有多途，略述有五。何者？一者外道相善，乱菩萨法；二者声闻自利，障大慈悲；三者无顾恶人，破他胜德；四者所有人天颠倒善果，坏人梵行；五者唯有自力，无他力持。如斯等事，触目皆是。譬如陆路，步行则苦，故曰难行道。言易行道者，谓以信佛因缘，愿生净土，起心立德，修诸行业。佛愿力故，即便往生，以佛力住持，即入大乘正定聚。正定聚者，即是阿毗跋致不退位也。譬如水路，乘船则乐，故名易行道也。

问曰：菩提是一，修因亦应不二。何故在此修因，向佛果，名为难行。往生净土，期大菩提，乃名易行道也？

答曰：诸大乘经所辨，一切行法，皆有自力、他力，自摄、他摄。何者自力？譬如有人，怖畏生死，发心出家，修定发通，游四天下，名为自力。何者他力？如有劣夫，以己身力，掷驴不上。若从轮王，即便乘空游四天下，即轮王威力，故名他力。众生亦尔，在此起心立行，愿生净土，此是自力。

临命终时，阿弥陀如来光台迎接，遂得往生，即为他力。故《大经》云：“十方人天，欲生彼国者，莫不皆以阿弥陀如来大愿业力为增上缘也。”若不如是，四十八愿便是徒设。语后学者，既有他力可乘，不得自局己分，徒在火宅也。

△ 第二、明劫之大小者。

如《智度论》云：劫有三种，谓一小、二中、三大。如方四十里城，高下亦然，满中芥子。有长寿诸天，三年去一，乃至芥子尽，名一小劫。或八十里城，高下亦然，芥子满中。如前取尽，名一中劫。或百二十里城，高下亦然，芥子满中。取尽一同前说，方名大劫。或八十里石，高下亦然。有一长寿诸天，三年以天衣一拂。天衣重三铢，为拂不已，此石乃尽，名为中劫。其小石、大石，类前中劫可知，不劳具述。

△ 第三门中，有五番：

第一、明从无始劫来，在此轮回无穷，受身无数者。如《智度论》云：在于人中，或张家死，王家生；王家死，李家生。如是尽阎浮提界，或重生，或异家生。或南阎浮提死，西拘耶尼生。如阎浮提，余三天下亦如是。如四天下死，生四天王天亦如是。或四天王天死，忉利天生。忉利天死，生余上四天亦如是。色界有十八重天，无色界有四重天，此死生彼，一一皆遍亦如是。或色界死，生阿鼻地狱。阿鼻地狱中死，生余轻系地狱。轻系地狱中死，生畜生中。畜生中死，生饿鬼道中。饿鬼道中死，或生人天中。如是轮回六道，受苦乐二报，生死无穷。胎生既尔，余三生亦如是。是故《正法念经》云：菩萨化生，告诸天众云："凡人经此百千生，着乐放逸不修道，不觉往福侵已尽，还堕三途受众苦。"是故《涅槃经》云："此身苦所集，一切皆不净，扼缚痈疮等，根本无义利。上至诸天身，皆亦复如是。"是故又彼经云："劝修不放逸。何以故？夫放逸者，是众恶之本。不放逸者，乃是众善之源。如日月光，诸明中最。不放逸法，亦复如是，于诸善法，为最为上。亦如须弥山王，于诸山中，为最为上。不放逸法，亦复如是，于诸善法中，为最为上。何以故？一切恶法，由[①]放逸而生。一切善法，不放逸为本。"

第二、问曰：虽云无始劫来，六道轮回无际。而未知一劫之中，受几身数，而言流转？答曰：如《涅槃经》说："取三千大千世界草木，截为四寸筹，以数一劫之中所受身，父母头数，犹自不尽[②]。"或云："一劫之中，所饮母乳，多于四大海水。"或云："一劫之中，所积身骨，如毗富罗山。"如是远劫以来，徒受生死，至于今日，犹作凡夫之身。何曾思量，伤叹不已！

第三、又问曰：既云旷大劫来，受身无数者。为当直尔总说，令人生厌？为当亦有经文来证？答曰：皆是圣教明文。何

① "由"，原本作"犹"，二字相通，今依金陵本改。

② "尽"，原本作"澌"，意同，今依原经改。

者？如《法华经》云：过去不可说久远大劫，有佛出世，号大通智胜如来。有十六王子，各升法座，教化众生。一一王子，各各教化六百万亿那由他恒河沙众生。其佛灭度以来，至极久远，犹不可数知。何者？经云：总取三千大千世界大地，磨以为墨。佛言："是人过千国土，乃下一点，大如微尘。如是辗转，尽地种墨。"佛言："是人所经国土，若点不点，尽抹为尘，一尘一劫。彼佛灭度以来，复过是数。今日众生，乃是彼时十六王子座下，曾受教法。"是故经云："以是本因缘，为说《法华经》。"《涅槃经》复云："一是王子，一是贫人。如是二人，互相往返。"言王子者，今日释迦如来，乃是彼时第十六王子也。言贫人者，今日众生等是。

第四、问曰：此等众生，既云流转多劫。然三界之中，何趣受身为多？答曰：虽言流转，然于三恶道中，受身偏多。如经说云："于虚空中，量取方圆八肘，从地至于色究竟天，于此量内，所有可见众生，即多于三千大千世界人天之身。"故知恶道身多。何故如此？但恶法易起，善心难生故也。今时但看现在众生，若得富贵，唯事放逸破戒，天中即复着乐者多。是故经云："众生等是流转，恒三恶道为常家。人天暂来即去，名为客舍故也。"依《大庄严论》，劝一切众生常须系念现前，偈云："盛年无患时，懈怠不精进，贪营众事务，不修施戒禅，临为死所吞，方悔求修善。智者应观察，除断五欲想，精勤习心者，终时无悔恨。心意既专至，无有错乱念，智者勤投心，临终意不散。不习心专至，临终必散乱。心若散乱时，如调马用硙，若其斗战时，回旋不直行。”

第五、又问曰：一切众生，皆有佛性。远劫以来，应值多佛。何因至今仍自轮回生死，不出火宅？答曰：依大乘圣教，良由不得二种胜法，以排生死，是以不出火宅。何者为二？一谓圣道，二谓往生净土。其圣道一种，今时难证，一由去大圣遥远，二由理深解微。是故《大集月藏经》云：“我末法时中，亿亿众生起行修道，未有一人得者。”当今末法，现是五浊恶世，唯有净土一门，可通入路。是故《大经》云：“若有众生，纵令一生造恶，临命终时，十念相续，称我名字，若不生者，不取正觉。”又复一切众生，都不自量。若据大乘，真如实相第一义空，曾未措心。若论小乘，修入见谛修道，乃至那含、罗汉，断五下，除五上，无问道俗，未有其分。纵有人天果报，皆为五戒十善能招此报，然持得者甚稀。若论起恶造罪，何异暴风驶雨？是以诸佛大慈，劝归净土。纵使一形造恶，但能系意专精，常能念佛，一切诸障自然消除，定得往生。何不思量，都无去心也！

△ 自下第四，引圣教证成，劝信求生者。

依《观佛三昧经》云：尔时会中有财首菩萨，白佛言：“世尊，我念过去无量劫时，有佛出世，亦名释迦牟尼佛。彼佛灭后，有一王子，名曰金幢，骄慢邪见，不信正法。有知识比丘，名定自在，告王子言：‘世有佛像，极为可爱，可暂入塔，观佛形像。’时彼王子，从善友语，入塔观像，见像相好，白言比丘：‘佛像端严，犹尚如此，况佛真身。’比丘告言：‘王子今见佛像，不能礼者，当称南无佛。’还宫系念，念塔中像，即于后夜，梦见佛像，心大欢喜，舍离邪见，归依三宝。随寿命终，由前入塔，称佛功德，即得值遇九百亿那由他佛。于诸佛所，常勤精进，恒得甚深念佛三昧。念佛三昧力故，诸佛现前，皆与授记。从是以来，百万阿僧祇劫不堕恶道。乃至今日，获得首楞严三昧。尔时王子者，今我财首是也。”尔时会中，即有十方诸大菩萨，其数无量，各说本缘，皆依念佛得。佛告阿难：“此观佛三昧，是一切众生犯罪者药，破戒者护，失道者导，盲冥者眼，愚痴者慧，黑暗者灯，烦恼贼中大勇猛将，诸佛世尊之所游戏，首楞严等诸大三昧始出生处。”佛告阿难：“汝今善持，慎勿忘失。过去、未来、现在三世诸佛，皆说如是念佛三昧。我与十方诸佛，及贤劫千佛，从初发心，皆因念佛三昧力故，得一切种智。”

又如《目连所问经》：佛告目连：“譬如万川长流，有浮草木，前不顾后，后不顾前，都会大海。世间亦尔，虽有豪贵，富乐自在，悉不得免生老病死。只由不信佛经，后世为人，更甚困剧，不能得生千佛国土。是故我说无量寿佛国，易往易取，而人不能修行往生，反事九十五种邪道。我说是人，名无眼人，名无耳人。”经教既尔，何不舍难，依易行道矣！

安乐集卷下

唐并州玄中寺释道绰撰

● 第四大门中，有三番料简：第一、依中国三藏法师，并此土大德等，皆共详审圣教，叹归净土，今以劝依；第二、据此经宗，及余大乘诸部，凡圣修入，多明念佛三昧，以为要门；第三、问答解释，显念佛者得种种功能利益，不可思议。

△ 第一、依中国及以此土大德所行者。

余五翳面墙，岂宁自辄？但以游历披勘，敬有师承。何者？谓中国大乘法师流支三藏。次有大德，呵避名利，则有慧宠法师。次有大德，寻常敷演，每感圣僧来听，则有道场法师。次有大德，和光孤栖，二国慕仰，则有昙鸾法师。次有大德，禅观独秀，则有大海禅师。次有大德，聪慧守戒，则有齐朝上统。然前六大德，并是二谛神镜，斯乃佛法纲维，志行殊伦，古今实稀，皆共详审大乘，叹归净土，乃是无上要门也。

问曰：既云叹归净土，乃是要门者。未知此等诸德，临终时皆有灵验已否？

答曰：皆有不虚。如昙鸾法师，康存之日，常修净土。

亦每有世俗君子，来呵法师，曰："十方佛国，皆为净土。法师何乃独意注西，岂非偏见生也？"法师对曰："吾既凡夫，智慧浅短，未入地位，念力须均。如似置草引牛，恒须系心槽枥，岂得纵放，全无所归？"虽复难者纷纭，而法师独决，是以无问一切道俗，但与法师一面相遇者，若未生正信，劝令生信，若已生正信者，皆劝归净国。是故法师临命终时，寺傍左右道俗，皆见幡花映院，尽闻异香，音乐迎接，遂往生也。余之大德，临命终时，皆有征祥。若欲具谈往生之相，并不可思议也。

△ 第二、明此彼诸经，多明念佛三昧为宗者，就中有八番：初二明一相三昧；后六就缘依相，明念佛三昧。

第一、依《华首经》，佛告坚意菩萨："三昧有二种，一者有一相三昧，二者有众相三昧。一相三昧者：有菩萨闻其世界有其如来现在说法，菩萨取是佛相以现在前，若坐道场，若转法轮，大众围绕。取如是相，收摄诸根，心不驰散，专念一佛，不舍是缘。如是菩萨，于如来相，及世界相，了达无相，常如是观，如是行，不离是缘。是时佛像即现在前，而为说法。菩萨尔时深生恭敬，听受是法，若深若浅，转加尊重。菩萨住是三昧，闻说诸法皆可坏相，闻已受持，从三昧起，能为四众演说是法。"佛告坚意："是名菩萨入一相三昧门。"

第二、依《文殊般若》，明一行三昧者。时文殊师利白佛言："世尊，云何名为一行三昧？"佛言："一行三昧者，若善男子、善女人，应在空闲处，舍诸乱意，随佛方所，端身正向，不取相貌，系心一佛，专称名字，念无休息。即是念中，能见过、现、未来三世诸佛。何以故？念一佛功德无量无边，即与无量诸佛功德无二。是名菩萨一行三昧。”

第三、依《涅槃经》，佛言：“若人但能至心常修念佛三昧者，十方诸佛恒见此人，如现在前。”是故《涅槃经》云：佛告迦叶菩萨：“若有善男子、善女人，常能至心专念佛者，若在山林，若在聚落，若昼若夜，若坐若卧。诸佛世尊常见此人，如现目前，恒与此人而住受施。”

第四、依《观经》及余诸部，所修万行，但能回愿，莫不皆生，然念佛一行，将为要路。何者？审量圣教，有始、终两益。若欲生善起行，则普该诸度。若灭恶消灾，则总治诸障。故下经云：“念佛众生，摄取不舍，寿尽必生。”此名始益。言终益者，依《观音授记经》云：“阿弥陀佛住世长久，兆载永劫，亦有灭度。般涅槃时，唯有观音、势至住持安乐，接引十方。其佛灭度，亦与住世时节等同，然彼国众生，一切无有睹见佛者，唯有一向专念阿弥陀佛往生者，常见弥陀现在不灭。”此即是其终时益也。所修余行，回向皆生。世尊灭度，有睹、不睹。劝后代审量，使沾远益也。

第五、依《般舟经》云：时有跋陀和菩萨，于此国土，闻有阿弥陀佛，数数系念，因是念故，见阿弥陀佛。既见佛已，即从启问，当行何法，得生彼国？尔时阿弥陀佛语是菩萨言：

“欲来生我国者，常念我名，莫有休息，如是得来生我国土。当念佛身三十二相悉皆具足，光明彻照，端正无比。”

第六、依《大智度论》，有三番解释：第一、佛是无上法王，菩萨为法臣，所尊所重，唯佛世尊，是故应当常念佛也。第二、有诸菩萨自云：“我从旷劫以来，得蒙世尊长养我等法身、智身、大慈悲身。禅定、智慧、无量行愿，由佛得成。为报恩故，常愿近佛。亦如大臣，蒙王恩宠，常念其主。”第三、有诸菩萨复作是言：“我于因地，遇恶知识，诽谤般若，堕于恶道，经无量劫。虽修余行，未能得出。后于一时，依善知识边，教我行念佛三昧，其时即能并遣诸障，方得解脱。有斯大益，故愿不离佛。”

第七、依《华严经》云：“宁于无量劫，具受一切苦，终不远如来，不睹自在力。”又云：“念佛三昧必见佛，命终之后生佛前，见彼临终劝念佛，又示尊像令瞻敬。”又善财童子求善知识，诣功德云比丘所，白言：“大师，云何修菩萨道，归普贤行也？”是时比丘告善财曰：“我于世尊智慧海中，唯知一法，谓念佛三昧门。何者？于此三昧门中，悉能睹见一切诸佛，及其眷属，严净佛刹，能令众生远离颠倒。念佛三昧门者，于微细境界中，见一切佛自在境界，得诸劫不颠倒。念佛三昧门者，能起一切佛刹，无能坏者，普见诸佛，得三世不颠倒。”时功德云比丘告善财言：“佛法深海，广大无边。我所知者，唯得此一念佛三昧门。余妙境界，出过数量，我所未知也。”

第八、依《海龙王经》，时海龙王白佛言：“世尊，弟子求生阿弥陀佛国，当修何行，得生彼土？”佛告龙王：“若欲生彼国者，当行八法。何等为八？一者常念诸佛，二者供养如来，三者咨嗟世尊，四者作佛形像，修诸功德，五者回愿往生，六者心不怯弱，七者一心精进，八者求佛正慧。”佛告龙王：“一切众生，具斯八法，常不离佛也。”

问曰：不具八法，得生佛前，不离佛否？

答曰：得生不疑。何以得知？如佛说《宝云经》时，亦明十行具足，得生净土，常不离佛。时有除盖障菩萨白佛：“不具十行，得生已否？”佛言：“得生。但能十行之中，一行具足无缺，余之九行，悉名清净，勿致疑也。”又《大树紧那罗王经》云：“菩萨行四种法，常不离佛前。何等为四？一者自修善法，兼劝众生，皆作往生见如来意；二者自劝劝他，乐闻正法；三者自劝劝他，发菩提心；四者一向专志行念佛三昧。具此四行，一切生处常在佛前，不离诸佛。”又经云：“佛说菩萨行法，有三十二器。何者？布施是大富器，忍辱是端正器，持戒是圣身器，五逆不孝是刀山剑树镬汤器，发菩提心是成佛器，常能念佛往生净土是见佛器。”略举六门，余者不述。圣教既尔，行者愿生，何不常念佛也？又依《月灯三昧经》云：“念佛相好及德行，能使诸根不乱动，心无迷惑与法合，得闻得智如大海。智者住于是三昧，摄念行于经行所，能见千亿诸如来，亦值无量恒沙佛。”

△ 第三、问答解释，显念佛三昧有种种利益，有其五番：

第一、问曰：今云常修念佛三昧，仍不行余三昧也？答曰：今言常念，亦不言不行余三昧。但行念佛三昧多故，故言常念，非谓全不行余三昧也。

第二、问曰：若劝常修念佛三昧，与余三昧能有阶降以否？答曰：念佛三昧胜相，不可思议。此云何知？如《摩诃衍》中说云：“诸余三昧，非不三昧。何以故？或有三昧，但能除贪，不能除瞋、痴。或有三昧，但能除瞋，不能除痴、贪。或有三昧，但能除痴，不能除贪、瞋。或有三昧，但能除现在障，不能除过去、未来一切诸障。若能常修念佛三昧，无问现在、过去、未来一切诸障，悉皆除也。”

第三、问曰：念佛三昧既能除障得福，功利大者，未审亦能资益行者，使延年益寿以否？答曰：必得。何者？如《惟无三昧经》云：有兄弟二人，兄信因果，弟无信心，而能善解相法。因其镜中，自见面上死相已现，不过七日，时有智者教往问佛。佛时报言：“七日不虚，若能一心念佛修戒，或得度难。”寻即依教系念。时至六日，即有二鬼来耳，闻其念佛之声，竟无能前进，还告阎罗王。阎罗王索符已，注云：“由持戒念佛功德，生第三炎天。”又《譬喻经》中，有一长者不信罪福，年已五十，忽夜梦见刹鬼索符，来欲取之，不过十日。

其人眠觉，惶怖非常，至明求觅相师占梦。师作卦兆云：“有刹鬼必欲相害，不过十日。”其人惶怖倍常，诣佛求请。佛时报云：“若欲攘此，从今以去，专意念佛持戒，烧香燃灯，悬缯幡盖，信向三宝，可免此死。”即依此法，专心信向。刹鬼到门，见修功德，遂不能害，鬼即走去。其人缘斯功德，寿满百年，死得生天。复有一长者，名曰执持，退戒还佛，现被恶鬼打之。

第四、问曰：此念佛三昧，但能对治诸障，唯招世报，亦能远感出世无上菩提以否？答曰：得。何者？如《华严经·十地品》云：始从初地，乃至十地，于一一地中，皆说入地加行道、地满功德利已，不住道讫，即皆结云：“是诸菩萨，虽修余行，皆不离念佛、念法、念僧。上妙乐具，供养三宝。”以斯文证，得知诸菩萨等，乃至上地，常学念佛、念法、念僧，方能成就无量行愿，满功德海。何况二乘、凡夫，求生净土，不学念佛也？何以故？此念佛三昧，即具一切四摄六度，通行通伴故。

第五、问曰：初地以上菩萨，与佛同证真如之理，名生佛家。自能作佛，济运众生。何须更学念佛三昧，愿见佛也？答曰：论其真如，广大无边，与虚空等，其量难知。譬如一大暗室，若燃一灯、二灯，其明虽遍，犹为暗也。渐至多灯，虽名大明，岂及日光？菩萨所证智，虽地地相望，自有阶降，岂得比佛，如日明也？

● 第五大门中，有四番料简：第一、泛明修道延促，欲令速获不退；第二、此彼禅观比较劝往；第三、此彼净秽二境，亦名漏无漏比较；第四、引圣教证成，劝后代生信求往。

△ 第一、泛明修道延促者，就中有二：一、明修道延促；二、问答解释。

一、明延促者。但一切众生，莫不厌苦求乐，畏缚求解，皆欲早证无上菩提者，先须发菩提心为首。此心难识难起，纵令发得此心，依经终须修十种行，谓信、进、念、戒、定、慧、舍、护法、发愿、回向，进诣菩提。然修道之身，相续不绝，经一万劫，始证不退位。当今凡夫，现名信想轻毛，亦曰假名，亦名不定聚，亦名外凡夫，未出火宅。何以得知？据《菩萨璎珞经》，具辨入道行位法尔，故名难行道。又但以一劫之中，受身生死，尚不可数知，况一万劫中，徒受痛烧。若能明信佛经，愿生净土，随寿长短，一形即至，位阶不退，与此修道一万劫齐功。诸佛子等，何不思量，不舍难求易也？

如《俱舍论》中，亦明难行、易行二种之道。难行者，如《论》说云："于三大阿僧祇劫，一一劫中，皆具福智资粮、六波罗蜜、一切诸行，一一行业，皆有百万难行之道，始充一位。"是难行道也。易行道者，即彼《论》云，若由别有方便有解脱者，名易行道也。今既劝归极乐，一切行业，悉回向彼，但能专至，寿尽必生，得生彼国，即究竟清凉，岂可不名易行之道？须知此意也。

二、问曰：既言愿往生净土，随此寿尽，即得往生者，有圣教证否？答曰：有七番，皆引经论证成：

一、依《大经》云：佛告阿难："其有众生，欲于今世见无量寿佛者，应发无上菩提之心，修行功德，愿生彼国，即得往生。"故《大经赞》云："若闻阿弥陀德号，欢喜赞仰心归依，下至一念得大利，则为具足功德宝。设满大千世界火，亦应直过闻佛名，闻阿弥陀不复退，是故至心稽首礼。"

二、依《观经》，九品之内皆言："临终正念，即得往生。"

三、依《起信论》云："教诸众生，劝观真如平等一实。亦有始发意菩萨，其心软弱，自谓不能常值诸佛，亲承供养，意欲退者。当知如来有胜方便，摄护信心，谓以专意念佛因缘，随愿往生，以常见佛故，永离恶道。"

四、依《鼓音陀罗尼经》云：尔时世尊告诸比丘："我当为汝演说，西方安乐世界，今现有佛，号阿弥陀。若有四众，能正受持彼佛名号，坚固其心，忆念不忘，十日十夜，除舍散乱，精勤修习念佛三昧，若能令念念不绝，十日之中，必得见彼阿弥陀佛，皆得往生。"

五、依《法鼓经》云："若人临终之时，不能作念，但知彼方有佛，作往生意，亦得往生。"

六、如《十方随愿往生经》云："若有临终，及死堕地狱，家内眷属为其亡者念佛，及转诵斋福，亡者即出地狱，往生净土。”况其现在自能修念，何以不得往生者也？是故彼经云：“现在眷属为亡者追福，如饷远人，定得食也。”

第七、广引诸经证成。如《大法鼓经》说：“若善男子、善女人，常能系意称念诸佛名号者，十方诸佛、一切贤圣，常见此人，如现目前，是故此经名《大法鼓》。当知此人，十方净土，随愿往生。”又《大悲经》云：“何名为大悲？若专念佛相续不断者，随其命终，定生安乐。若能辗转相劝行念佛者，当知此等悉名行大悲人也。”是故《涅槃经》云：佛告大王：“假令开大库藏，一月之中布施一切众生所得功德，不如有人称佛一口，功德过前，不可校量。”又《增一阿含经》云：佛告阿难：“其有众生供养一阎浮提人衣服、饮食、卧具、汤药，所得功德，宁为多否？”阿难白佛言：“世尊，甚多甚多，不可数量。”佛告阿难：“若有众生善心相续，称佛名号，如一搆牛乳顷，所得功德，过上不可量，无有能量者。”《大品经》云：“若人散心念佛，乃至毕苦，其福不尽。若人散花念佛，乃至毕苦，其福不尽。”故知念佛利大，不可思议也。《十往生经》、诸大乘经等，并有文证，不可具引也。

△ 第二、次明此彼禅观比较，劝往生者。

但此方秽境，乱想难入，就令修得，唯获事定，多喜味染。又复但能伏业，报生上界，寿尽多退。是故《智度论》

云："多闻持戒禅，未得无漏法，虽有此功德，是事未可信。"若欲向西修习，事境光净，定观易成，除罪多劫，永定速进，究竟清凉。如《大经》广说。

问曰：若西方境界胜，可为禅定感。此界色天劣，不应为禅定招？

答曰：若论修定因，该通于彼此。然彼界位是不退，并有他力持，是故说为胜。此处虽复修定克，但有自分因，阙无他力摄，业尽不免退，就此说不如。

△ 第三、据此彼净秽二境，亦名漏无漏者。

若论此处境界，唯有三途，丘坑山涧，沙卤棘刺，水旱暴风恶触，雷电霹雳，虎狼毒兽，恶贼恶子，荒乱破散，三灾败坏。语论正报，三毒八倒，忧悲嫉妒，多病短命，饥渴寒热，常为司命害鬼之所追逐，深可秽恶，不可具说。故名有漏，深可厌也。

往生彼国胜者，据《大经》云：十方人天，但生彼国者，莫不皆获种种利益也。何者？一生彼国者，行则金莲捧足，坐则宝座承躯，出则帝释在前，入则梵王从后。一切圣众与我亲朋，阿弥陀佛为我大师。宝树宝林之下，任意翱翔。八德池中，游神濯足。形则身同金色，寿则命与佛齐。学则众门并进，止则二谛虚融。十方济运，则乘大神通。晏安暂时，则坐三空门。游则入八正之路，至则到大涅槃。一切众生，但至彼国者，皆证此益。何不思量，不速去也！

△ 第四、引圣教证成，劝后代生信求愿往者。

依《观佛三昧经》云：尔时会中有十方诸佛，各于花台中结跏趺坐，于空中现。东方善德如来为首，告大众言：“汝等当知，我念过去无量世时，有佛名宝威德上王。彼佛出时，亦如今日，说三乘法。彼佛灭后，末世之中，有一比丘，将弟子九人，往诣佛塔，礼拜佛像。见一宝像，严显可观，观已敬礼，目谛观之，各说一偈，用为赞叹。随寿修短，各自命终，既命终已，即生佛前。从此以后，恒得值遇无量诸佛，于诸佛所，广修梵行，得念佛三昧海。既得此已，诸佛现前，即与授记，于十方面，随意作佛。东方善德佛者，即我身是。自余九方诸佛者，即是本昔弟子九人是。十方佛世尊，因由礼塔，一偈赞故，得成为佛。岂异人乎？我等十方佛是。”是时十方诸佛，从空而下，放千光明，显现色身，白毫相光，各各皆坐释迦佛床，告阿难言：“汝知释迦文佛，无数精进，百千苦行，求佛智慧，报得是身。今为汝说，汝持佛语，为未来世天龙大众、四部弟子，说观佛相好及念佛三昧。”说是语已，然后问讯释迦文佛，问讯讫已，各还本国。

● 第六大门中，有三番料简：第一、十方净土，共来比较；第二、义推；第三、辨经住灭。

△ 第一、十方净土，共来比较者，有其三番：

一、如《随愿往生经》云：“十方佛国，皆悉严净，随愿并得往生。虽然，悉不如西方无量寿国。何意如此？但阿弥陀佛与观音、大势至，先发心时，从此界去，于此众生偏是有缘，是故释迦处处叹归。”

二、据《大经》：“法藏菩萨因中，于世饶王佛所，具发弘愿，取诸净土。时佛为说二百一十亿诸佛刹土，天人善恶，国土精粗，悉现与之。于时法藏菩萨，愿取西方成佛，今现在彼。”是二证也。

三、依此《观经》中，韦提夫人复请净土，如来光台为现十方一切净土。韦提夫人白佛言：“此诸佛土，虽复清净，皆有光明，我今乐生极乐世界阿弥陀佛所。”是其三证。

故知诸净土中，安乐世界最胜也。

△ 第二、义推者。

问曰：何故要须面向西坐、礼、念、观者？

答曰：以阎浮提云：日出处名生，没处名死。借于死地，神明趣入，其相助便。是故法藏菩萨愿成佛在西，悲接众生。由坐、观、礼、念等面向佛者，是随世礼仪。若是圣人，得飞报自在，不辨方所。但凡夫之人，身心相随，若向余方，西往必难。是故《智度论》云：有一比丘，康存之日，诵《阿弥陀经》，及念“般若波罗蜜”。临命终时，告弟子言：“阿弥陀佛与诸圣众，今在我前。”合掌归依，须臾舍命。于是弟子依火葬法，以火焚尸。一切烧尽，唯有舌根一种，与本不异，遂即收取，起塔供养。龙树菩萨释云：“诵《阿弥陀经》故，是以垂终，佛自来迎。念‘般若波罗蜜’故，所以舌根不尽。”以斯文证，故知一切行业，但能回向，无不往也。故《须弥四域经》云：天地初开之时，未有日月星辰。纵有天人来下，但用项光照用。尔时人民，多生苦恼。于是阿弥陀佛遣二菩萨，一名宝应声，二名宝吉祥，即伏牺、女娲是。此二菩萨，共相筹议，向第七梵天上，取其七宝，来至此界，造日月星辰，二十八宿，以照天下，定其四时，春秋冬夏。时二菩萨共相谓言：“所以日月星辰、二十八宿西行者，一切诸天人民，尽共稽首阿弥陀佛，是以日月星辰皆悉倾心向彼，故西流也。”

△ 第三、辨经住灭者。

谓释迦牟尼佛一代正法五百年，像法一千年，末法一万年。众生灭尽，诸经悉灭。如来悲哀痛烧众生，特留此经，止住百年。以斯文证，故知彼国虽是净土，然体通上下。知相无相，当生上位。凡夫火宅，一向乘相往生也。

● 第七大门中，有两番料简：第一门中，此彼取相，料简缚脱；第二、次明此彼修道，用功轻重，而获报真伪，故劝向彼。

△ 第一、此彼取相，料简缚脱者。

若取西方净相，疾得解脱，纯受极乐，智眼开朗。若取此方秽相，唯有妄乐痴盲，厄缚忧怖。

问曰：依大乘诸经，皆云无相乃是出离要道。执相拘碍，不免尘累。今劝众生舍秽忻净，是义云何？

答曰：此义不类。何者？凡相有二种：一者于五尘欲境，妄爱贪染，随境执着，此等是相，名之为缚；二者爱佛功德，愿生净土，虽言是相，名为解脱。何以得知？如《十地经》云："初地菩萨，尚自别观二谛，励心作意，先依相求，终则无相，以渐增进，体大菩提。尽七地终心，相心始息。入其八地，绝于相求，方名无功用也。"是故《论》云："七地以还，恶贪为障，善贪为治。八地以上，善贪为障，无贪为治。"况今愿生净土，现是外凡，所修善根皆从爱佛功德生，岂是缚也？故《涅槃经》云："一切众生有二种爱，一者善爱，二者不善爱。不善爱者，唯愚求之。善法爱者，诸菩萨求。"是故《净土论》云："观佛国土清净味，摄受众生大乘味，类事起行愿取佛土味，毕竟住持不虚作味，有如是等无量佛道味。"故虽是取相，非当执缚也。又彼净土，所言相者，即是无漏相、实相相也。

△ 第二段中，明此彼修道，用功轻重，而获报真伪者。

若欲发心归西者，单用少时，礼、观、念等，随寿长短，临命终时，光台迎接，迅至彼方，位阶不退。是故《大经》云："十方人天，来生我国，若不毕至灭度，更有退转者，不取正觉。"此方多时具修施、戒、忍、进、定、慧，未满一万劫已来，恒未免火宅，颠倒坠堕，故名用功至重，获报伪也。

《大经》复云："生我国者，横截五恶趣。"今此约对弥陀净刹，娑婆五道，齐名恶趣。地狱、饿鬼、畜生，纯恶所归，名为恶趣。娑婆人、天，杂业所向，亦名恶趣。若依此方修治断除，先断见惑，离三途因，灭三途果。后断修惑，离人天因，绝人天果。此皆渐次断除，不名横截。若得往生弥陀净国，娑婆五道，一时顿舍，故名横截。“横截五恶趣”者，截其果也；“恶趣自然闭”者，闭其因也，此明所离。“升道无穷极”者，彰其所得。若能作意回愿向西，上尽一形，下至十念，无不皆往。一到彼国，即入正定聚，与此修道一万劫齐功也。

● 第八大门中，有三番料简：第一、略举诸经来证，劝舍此忻彼；第二、弥陀、释迦二佛比较；第三、释往生意。

△ 第一、略举诸大乘经来证，皆劝舍此悕彼者。

一、谓耆阇崛山说《大经》二卷；二、《观经》一部，王宫、耆阇两会正说；三、小卷《无量寿经》，舍卫一说；四、复有《十方随愿往生经》明证；五、复有《无量清净觉经》二卷，一会正说；六、更有《十往生经》一卷。诸余大乘经论，指赞处多，如《请观音》、《大品经》等。又如龙树、天亲等论，叹劝非一。余方净土，皆不如此叮咛。

△ 第二、弥陀、释迦二佛比较者。

谓此佛释迦如来，八十年住世，暂现即去，去而不返。比于忉利诸天，不至一日。又释迦在时，救缘亦弱，如毗舍离国救人现患等。何者？时毗舍离国人民，遭五种恶病，一者眼赤如血，二者两耳出脓，三者鼻中流血，四者舌噤无声，五者所食之物化为粗涩。六识闭塞，犹如醉人。有五夜叉，或名讫拏迦罗，面黑如墨，而有五眼，钩牙上出，吸人精气。良医耆婆，尽其道术，所不能救。时有月盖长者为首部，领病人皆来归佛，叩头求哀。尔时世尊起无量悲愍，告病人曰："西方有阿弥陀佛，观世音、大势至菩萨。汝等一心，合掌求见。"于是大众皆从佛劝，合掌求哀。尔时彼佛放大光明，观音、大势一时俱到，说大神咒，一切病苦皆悉消除，平复如故。然二佛神力应亦齐等，但释迦如来不申己能，故显彼长，欲使一切众生莫不齐归。是故释迦处处叹归，须知此意也。是故昙鸾法师，正意归西，故《傍大经奉赞》云："安乐声闻菩萨众，人天智慧咸洞达，身相庄严无殊异，但顺他方故列名。颜容端正无可比，精微妙躯非人天，虚无之身无极体，是故顶礼平等力。"

△ 第三、释往生意者，就中有二：一、释往生意；二、问答解释。

第一、问曰：今愿生净土，未知作何意也？答曰：只欲疾成自利利他，利物深广，十信三贤，摄受正法，契会不二，见证佛性，明晓实相，观照晖心，有无二谛，因果先后，十地优劣，三忍三道，金刚无碍，证大涅槃。大乘宽运，欲无限时住，为尽无边生死海故。

问有三番。

问曰：愿生净土，拟欲利物者，若尔，所拔众生今现在此，已能发得此心，只应在此拔苦众生，何因得此心竟，先愿生净土？似如舍众生，自求菩提乐也。

答曰：此义不类。何者？如《智度论》云：“譬如二人，俱见父母眷属没在深渊。一人直往，尽力救之，力所不及，相与俱没。一人遥走，趣一舟船，乘来济接，并得出难。菩萨亦尔，若未发心时，生死流转，与众生无别。但已发菩提心时，先愿往生净土，取大悲船，乘无碍辩才，入生死海，济运众生。”

二、《大论》复云：“菩萨生净土，具大神通，辩才无碍，教化众生，时尚不能令众生生善灭恶，增道进位，称菩萨意。若即在秽土拔济者，阙无此益，如似逼鸡入水，岂能不湿也？”

三、《大经赞》云：“安乐佛国诸菩萨，夫可宣说随智慧，于己万物亡我所，净若莲花不受尘。往来进止若泛舟，利安为务舍适莫，彼已犹空断二想，燃智慧炬照长夜。三明六通皆已足，菩萨万行观心眼，如是功德无边量，是故至心愿生彼。”

● 第九大门中，有两番料简：第一、苦乐善恶相对；第二、明彼此寿命长短比较。

△ 就初段中有二：一、苦乐善恶相对；二、引《大经》为证。

初、言苦乐善恶相对者。在此娑婆世界，虽有苦乐二报，恒以乐少苦多。重则三途痛烧，轻则人天刀兵疾病，相续连注，远劫以来，无有断时。纵有人天少乐，犹如泡沫电光，速起速灭，是故名为唯苦唯恶。弥陀净国，水鸟、树林，常吐法音，明宣道教，具足清白，能令悟入。

二、引圣教为证者。《净土论》云："十方人天生彼国者，即与净心菩萨无二。净心菩萨，即与上地菩萨毕竟同得寂灭忍故，更不退转。"

又引《大经》四十八愿中，有五番大益：第一、《大经》云："有十方人天，来生我国，不悉真金色者，不取正觉。"二云："十方人天，来生我国，若形色不同，有好丑者，不取正觉。"三云："十方人天，来生我国，不得宿命智，下至不知百千亿那由他诸劫事者，不取正觉。"四云："十方人天，来生我国，不得天耳通，下至不闻百千亿那由他诸佛所说，不悉受持者，不取正觉。"五云："十方人天，来生我国，不得他心智，下至不知百千亿那由他诸佛国中众生心念者，不取正觉。"

欲论彼国利益之事，难可具陈。但当愿生，必不可思议。是故彼方唯善唯乐，无苦无恶也。

△ 第二、明寿命长短者。

此方寿命，大期不过百年。百年之内，少出多减。或生年夭丧，乃至童子身亡，或复胞胎伤堕。何意然者？良由众生作因时杂，是以受报亦不得齐同也。是故《涅槃经》云："作业时黑，果报亦黑。作业时白，果报亦白。净、杂亦尔。"

又据《净度菩萨经》云："人寿百岁，夜消其半，即是减却五十年也。就五十年内，十五以来，未知善恶。八十以去，昏耄虚劣，故受老苦。自此之外，唯有十五年在。于中，外则王官逼迫，长征远防，或系在牢狱。内则门户吉凶，众事牵缠，茕茕忪忪，常求不足。如斯推计，可有几时得修道业？如此思量，岂不哀哉？何得不厌？”

又彼经云：“人生世间，凡经一日一夜，有八亿四千万念。一念起恶，受一恶身。十念念恶，得十生恶身。百念念恶，受一百恶身。计一众生一形之中，百年念恶，恶即遍满三千国土，受其恶身。恶法既尔，善法亦然。一念起善，受一善身。百念念善，受一百善身。计一众生一形之中，百年念善，三千国土，善身亦满。”若得十年、五年，念阿弥陀佛，或至多年，后生无量寿国，即受净土法身，恒沙无尽，不可思议也。今既秽土短促，命报不远。若生阿弥陀净国，寿命长远不可思议。是故《无量寿经》云：佛告舍利弗：“彼佛何故号阿弥陀？舍利弗，十方人天，往生彼国者，寿命长远，亿百千劫，与佛同等，故号阿弥陀。”各宜量此利大，皆愿往生也。

又《善王皇帝尊经》云：“其有人学道，念欲往生西方阿弥陀佛国者，忆念昼夜一日，若二日，或三日，若四日，若五日，至六日、七日，若复于中欲还悔者，闻我说是善王功德，命欲尽时，有八菩萨，皆悉飞来，迎取此人，到西方阿弥陀佛国中，终不得止。”

自此以下，又引《大经偈》为证，赞云：“其有众生生安乐，悉具三十有二相，智慧满足入深法，究畅道要无障碍，随根利钝成就忍，三忍乃至不可说。宿命五通常自在，至佛不更杂恶趣，除生他方五浊世，示现同如大牟尼。生安乐国成大利，是故至心愿生彼。”

● 第十大门中，有两番料简：第一、依《大经》引类证诫；第二、释回向义。

△ 第一、依《大经》引类证诫者。

十方诸佛，无不劝归西方。十方菩萨，无不同生。十方人天，有意齐归。故知不可思议事也。是故《大经赞》云：“神力无极阿弥陀，十方无量佛所赞。东方恒沙诸佛国，菩萨无数悉往觐，亦复供养安乐国，菩萨声闻诸大众，听受经法宣道化，自余九方亦如是。”

△ 第二、释回向义者。

但以一切众生，既有佛性，人人皆有愿成佛心。然依所修行业，未满一万劫已来，犹未出火界，不免轮回。是故圣者愍斯长苦，劝回向西，为成大益。然回向之功，不越于六。何等为六？一、将所修诸业，回向弥陀，既至彼国，还得六通，济运众生，此即不住道也。二、回因向果；三、回下向上；四、回迟向速，此即不住世间也。五、回施众生，悲念向善。六、回入去却分别之心。回向之功，只成斯六。是故《大经》云：“其有众生生我国者，自然胜进，超出常伦诸地之行，至成佛道，更无回复之难。”故《大经赞》云：“安乐菩萨声闻辈，于此世界无比方。释迦无碍大辩才，设诸假令示少分。最贱乞人并帝王，帝王复比金轮王，如是辗转至六天，次第相类皆如始。以天色像喻于彼，千万亿倍非其类，皆是法藏愿力为，稽首顶礼大心力。”

● 第十一大门中，略作两番料简：第一、劝一切众生，托善知识，作向西意；第二、死后辨生缘胜劣。

△ 第一、劝托善知识者。

依《法句经》，与众生作善知识。有宝明菩萨白佛言：“世尊，云何名为善知识也？”佛言：“善知识者，能说深法，谓空、无相、无愿，诸法平等，无业无报，无因无果，究竟如如，住于实际，然于毕竟空中，炽然建立一切诸法，是为善知识。善知识者，是汝父母，养育汝等菩提身故。善知识者，是汝眼目，能见一切善恶道故。善知识者，是汝大船，运度汝等出生死海故。善知识者，是汝绳绳，能挽拔汝等出生死故也。”

又劝虽与众生作善知识，必须归西。何以故？由住斯火界，违顺境多，多有退没，难出故也。是故舍利弗于此发心修菩萨行，已经六十劫，逢恶知识乞眼因缘，遂即退转。故知火界修道甚难，故劝归西方，一得往生，三学自然胜进，万行普备。故《大经》云：“弥陀净国，无造恶之地如毛发许也。”

△ 第二、次辨众生死后受生胜劣者。

此界众生，寿尽命终，莫不皆乘善恶二业，恒为司命狱卒，妄爱烦恼，相与受生，乃从无数劫来，未能免离。若能生信，归向净土，策意专精，命欲终时，阿弥陀佛与观音圣众，光台迎接，行者欢喜随从，合掌乘台，须臾即到，无不快乐，乃至成佛。又复一切众生，造业不同，有其三种，谓上、中、下，莫不皆诣阎罗取判。若能信佛因缘，愿生净土，所修行业，并皆回向，命欲终时，佛自来迎，不干死王也。

● 第十二大门中有一番，就《十往生经》为证，劝往生也。

如佛说生阿弥陀佛国，为诸大众，说观身正念解脱。

《十往生经》云：

阿难白佛言："世尊，一切众生，观身之法，其事云何？唯愿说之。"

佛告阿难："夫观身之法者，不观东西，不观南北，不观四维上下，不观虚空，不观外缘，不观内缘，不观身色，不观色声，不观色像，唯观无缘，是为正真观身之法。除是观身，十方谛求，在在处处，更无别法而得解脱。"

佛复告阿难："但自观身，善力自然，正念自然，解脱自然。何以故？譬如有人，精进直心，得正解脱。如是之人，不求解脱，解脱自至。"

阿难复白佛言："世尊，世间众生，若有如是正念解脱，应无一切地狱、饿鬼、畜生三恶道也。"

佛告阿难："世间众生，不得解脱。何以故？一切众生，皆由多虚少实，无一正念。以是因缘，地狱者多，解脱者少。譬如有人，于自父母，及以师僧，外现孝顺，内怀不孝。外现精进，内怀不实。如是恶人，报虽未至，三途不远。无有正念，不得解脱。"

阿难复白佛言："若如是者，更修何善根，得正解脱？"

佛告阿难："汝今善听，吾今为汝说。有十往生法，可得解脱。云何为十？一者观身正念，常怀欢喜，以饮食、衣服，施佛及僧，往生阿弥陀佛国。二者正念，以甘妙良药，施一病比丘，及一切众生，往生阿弥陀佛国。三者正念，不害一生命，慈悲于一切，往生阿弥陀佛国。四者正念，从师所受戒，净慧修梵行，心常怀欢喜，往生阿弥陀佛国。五者正念，孝顺于父母，敬奉于师长，不起骄慢心，往生阿弥陀佛国。六者正念，往诣于僧房，恭敬于塔寺，闻法解一义，往生阿弥陀佛国。七者正念，一日一夜中，受持八戒斋，不破一，往生阿弥陀佛国。八者正念，若能斋月、斋日中，远离于房舍，常诣于善师，往生阿弥陀佛国。九者正念，常能持净戒，勤修于禅定，护法不恶口，若能如是行，往生阿弥陀佛国。十者正念，若于无上道，不起诽谤心，精进持净戒，复教无智者，流布是经法，教化无量众生，如是诸人等，悉皆得往生。"

尔时会中有一菩萨，名山海慧，白佛言：“世尊，彼阿弥陀国，有何妙乐胜事，一切众生，皆愿往生彼？”

佛告山海慧菩萨：“汝今应当起立合掌，正身向西，正念观阿弥陀佛国，愿见阿弥陀佛。”

尔时一切大众，亦皆起立合掌，共观阿弥陀佛。尔时阿弥陀佛，现大神通，放大光明，照山海慧菩萨身。尔时山海慧菩萨等，即见阿弥陀佛国土，所有庄严妙好之事，皆悉七宝，七宝山、七宝国土。水鸟、树林，常吐法音。彼国日日常转法轮。彼国人民，不习外事，正习内事，口说方等语，耳听方等声，心解方等义。

尔时山海慧菩萨白佛言：“世尊，我等今者睹见彼国胜妙利益，不可思议。我今愿一切众生悉皆往生，然后我等亦愿生彼国。”

佛记之曰：“正观正念，得正解脱，皆悉生彼。若有善男子、善女人，正信是经，爱乐是经，劝导众生，说者、听者，悉皆往生阿弥陀佛国。若有如是等人，我从今日，常使二十五菩萨护持是人，常令是人无病无恼。若人、若非人，不得其便。行住坐卧，无问昼夜，常得安稳。”

山海慧菩萨白佛言：“世尊，我今顶受尊教，不敢有疑。然世有众生，多有诽谤，不信是经。如是之人，于后云何？”

佛告山海慧菩萨：“于后阎浮提，或有比丘、比丘尼，见有读诵是经者，或相瞋恚，心怀诽谤。由是谤正法故，是人现身之中，来致诸恶重病，身根不具，聋盲喑哑，水肿鬼魅，坐卧不安，求生不得，求死不得。或乃致死，堕于地狱，八万劫中，受大苦恼。百千万世，未曾闻水食之名。久后得出，在牛马猪羊，为人所杀，受大极苦。后得为人，常生下处，百千万世，不得自在，永不闻三宝名字。是故无智无信人中，莫说是经也。”

撰集流通德，普施于一切，

先发菩提心，同归向净国，皆共成佛道。

传记文献五种

● 唐道宣《续高僧传·并州玄中寺释道绰传》：

释道绰，姓卫，并州汶水人。弱龄处俗，闾里以恭让知名。十四出家，宗师遗诰，大涅槃部，偏所弘传，讲二十四遍。晚事瓒禅师，修涉空理，亟沾徽绩。瓒清约雅素，慧悟开天，道振朔方，升名晋土。绰禀服神味，弥积岁时。承昔鸾师净土诸业，便甄简权实，搜酌经论，会之通衢，布以成化。克念缘数，想观幽明，故得灵相潜仪，有情欣敬。恒在汶水石壁谷玄中寺，寺即齐时昙鸾法师之所立也，中有鸾碑，具陈嘉瑞，事如别传。

绰般舟、方等，岁序常弘。九品、十观，分时绍务。尝于行道际，有僧念定之中，见绰缘佛珠数，相量如七宝大山，又睹西方灵相，繁缛难陈。由此盛德日增，荣誉远及，道俗子女，赴者弥山。恒讲无量寿观，将二百遍，导悟自他，用为资神之宅也。词既明诣，说其适缘，比事引喻，听无遗抱。人各掐珠，口同佛号，每时散席，响弥林谷。或邪见不信，欲相抗毁者，及睹绰之相善，饮气而归。其道感物情，为若此也。曾以贞观二年四月八日，绰知命将尽，通告事相，闻而赴者，满于山寺。咸见鸾师在七宝船上，告绰云："汝净土堂成，但余报未尽耳。"并见化佛住空，天花下散，男女等以裙襟承得，薄滑可爱。又以莲花干地而插者，七日乃萎。及余善相，不可殚纪。自非行感伦通，讵能会此乎！

年登七十，忽然龀齿新生如本，全无历异，加以报力休健，容色盛发。谈述净业，理味奔流，词吐包蕴，气沾醇醴。并劝人念弥陀佛名，或用麻豆等物而为数量，每一称名，便度一粒。如是率之，乃积数百万斛者。并以事邀结，令摄虑静缘，道俗响其绥导，望风而成习矣。又年常自业穿诸木栾子以为数法，遗诸四众，教其称念，屡呈祯瑞，具叙行图。著《净土论》两卷，统谈龙树、天亲，迩及僧鸾、慧远，并遵崇净土，明示昌言。文旨该要，详诸化范，传灯宇县，岁积弥新。传者重其陶蓥风神，研精学观，故又述其行相。

自绰宗净业，坐常面西，晨宵一服，鲜洁为体。仪貌充伟，并部推焉，顾眄风生，舒颜引接。六时笃敬，初不缺行，接唱承拜，生来弗绝。才有余暇，口诵佛名，日以七万为限，声声相注，弘于净业，故得镕铸有识，师训观门。西行广流，斯其人矣。沙门道抚，名胜之僧，京寺弘福，逃名往赴，既达玄中，同其行业，宣通净土，所在弥增。今有惰夫，口传《摄论》，惟心不念，缘境又乖，用此招生，恐难继相。绰今年八十有四，而神气明爽，宗绍存焉。

● 唐迦才《净土论》：

沙门道绰法师者，亦是并州晋阳人也，乃是前高德大鸾法师三世以下悬孙弟子，讲《涅槃经》一部。每常赞叹鸾法师智德高远，自云相去千里悬殊，尚舍讲说，修净土业，已见往生。况我小子，所知所解，何足为多，将此为德！从大业五年以来，即舍讲说，修净土行，一向专念阿弥陀佛，礼拜供养，相续无间。贞观以来，为开悟有缘，时时敷演《无量寿观经》一卷，示诲并土晋阳、太原、汶水三县道俗，七岁以上，并解念弥陀佛。上精进者，用小豆为数，念弥陀佛，得八十石，或九十石。中精进者，念五十石。下精进者，念二十石。教诸有缘，各不向西方涕唾便利，不背西方坐卧。撰《安乐集》两卷，见行于世。去贞观十九年，岁次乙巳，四月二十四日，悉与道俗取别。三县内门徒就别，前后不断，难可记数。至二十七日，于玄忠寺寿终。时有白云从西方来，变为三道白光，于自房中彻照通过，终讫乃灭。后烧坟陵时，复有五色光三道，于空中现，映绕日轮，绕讫乃止。复有紫云，三度于陵上现。遗终弟子同见斯瑞。若准经断，并是诸佛慈善根力，能令众生见如此事。又准《华严经》偈说："又放光明名见佛，此光觉悟命终者，念佛三昧必见佛，命终之后生佛前。"

● 唐文谂、少康《往生西方净土瑞应传》：

唐朝道绰禅师，并州人，玄忠寺讲《观经》二百遍。三县七岁并解念佛。自穿槵珠，劝人念佛。语常含笑，不曾面背西。语善导曰："道绰恐不往生，愿师入定，为佛得否？"善导入定，见佛百余尺，曰："道绰现修念佛三昧，不知舍此报身，得往生否？又问何年月得生？"答曰："伐树连下斧，无缘莫共语，还家莫辞苦。"又令绰忏悔：一者安居经像于浅处，自居安稳房中，对佛忏悔。二者作功德使出家人，对十方僧忏悔。三者因修建伤损含生，对众生忏悔。又问："终时有何瑞相，令人见闻？"答曰："亡日我放白毫，远照东方。此光现时，来生我国。"果至亡日，三道光白毫照于房内。又见昙鸾法师，七宝池中语曰："净土已成，余报未尽。"紫云境上三度现。

● 宋戒珠《净土往生传》：

释道绰，俗姓卫，并州汶水人。弃家以来，历访名师，后闻瓒禅师理行兼著，毕志事之。寻憩壁谷玄中寺，寺即后魏昙鸾法师之旧止也。鸾于其寺，久蕴净业，至其亡日，叠有祥异。郡人奇之，捃摭其事，刻之于碑。绰临其文，弥起深信。于是依附静境，澄寂诸念，念弥陀佛，不知其数，大泛日以七万遍为度。并、汾之间风俗，少事念佛，持数珠者罕尝有之。绰勉僧俗念佛，无数珠者，以豆记之，如念一声，即度一豆，或时麻麦记者亦然。已而较之，其所度者数万斛。唐贞观三年四月八日，道俗集其寺，乐如来之降生也。且见鸾于空中乘七宝船，由其船上而指绰曰："汝于净土堂宇已成，但惟报命未尽尔。"复见化佛与化菩萨飘飖在空，众乃惊叹，大生信服，虽夫无种阐提之人，亦率服之。以故唐初，并、汾诸郡，熏渍净业，由绰盛焉。

● 清彭希涑《净土圣贤录》：

道绰，姓卫，并州汶水人。年十四出家，习经论，又事瓒禅师学禅。后居汶水石壁谷玄中寺，昙鸾法师之所立也。绰慕鸾法师净土之业，于是潜心观想，坐常向西，六时礼敬不缺，念佛日以七万计。有僧定中睹西方灵相，见绰手持数珠，赩如七宝山。他诸瑞应，未可殚述。绰为众讲《无量寿经》、《观经》，几二百遍。听讲者各捏珠称佛号，若潮汐声，或时散席，响弥林谷。平时激劝净业，理致泉涌，劝人摄虑静缘，一心念佛。著《净土论》二卷，统该龙树、天亲，迩及慧远、昙鸾文句，词旨切要，当世重之。贞观二年，众咸见鸾法师坐七宝船上，谓绰曰："汝净土堂成，但余报未尽耳。"又见化佛住空，天花下散，从皆忻仰叹异。绰自此报力愈强，容色盛发，道俗向风者日众。年八十余，卒。时有释道抚者，与绰同志，每相见，必指净土为期。绰亡三日，抚闻之曰："吾常期先行，今乃在后。吾加一息之功，可追而及矣。"于佛像前，叩头祝愿，退就座而化。

附　录

无量寿经优婆提舍愿生偈

婆薮槃头菩萨造
元魏菩提流支译

世尊我一心，归命尽十方，
无碍光如来，愿生安乐国。
我依修多罗，真实功德相，
说愿偈总持，与佛教相应。
观彼世界相，胜过三界道。
究竟如虚空，广大无边际。
正道大慈悲，出世善根生。
净光明满足，如镜日月轮。
备诸珍宝性，具足妙庄严。
无垢光焰炽，明净曜世间。
宝性功德草，柔软左右旋，
触者生胜乐，过迦旃邻陀。
宝花千万种，弥覆池流泉，
微风动花叶，交错光乱转。
宫殿诸楼阁，观十方无碍，

杂树异光色，宝栏遍围绕。
无量宝交络，罗网遍虚空，
种种铃发响，宣吐妙法音。
雨花衣庄严，无量香普熏。
佛慧明净日，除世痴暗冥。
梵声悟深远，微妙闻十方。
正觉阿弥陀，法王善住持。
如来净花众，正觉花化生。
爱乐佛法味，禅三昧为食。
永离身心恼，受乐常无间。
大乘善根界，等无讥嫌名，
女人及根缺，二乘种不生。
众生所愿乐，一切能满足。
是故愿生彼，阿弥陀佛国。
无量大宝王，微妙净花台。
相好光一寻，色像超群生。
如来微妙声，梵响闻十方。
同地水火风，虚空无分别。
天人不动众，清净智海生。
如须弥山王，胜妙无过者。
天人丈夫众，恭敬绕瞻仰。
观佛本愿力，遇无空过者，

能令速满足，功德大宝海。

安乐国清净，常转无垢轮，

化佛菩萨日，如须弥住持。

无垢庄严光，一念及一时，

普照诸佛会，利益诸群生。

雨天乐花衣，妙香等供养，

赞诸佛功德，无有分别心。

何等世界无，佛法功德宝，

我愿皆往生，示佛法如佛。

我作论说偈，愿见弥陀佛，

普共诸众生，往生安乐国。

《无量寿修多罗》章句，我以偈颂总说竟。

论曰：

此愿偈明何义？示现观彼安乐世界，见阿弥陀佛，愿生彼国故。

云何观？云何生信心？若善男子、善女人，修五念门行成就，毕竟得生安乐国土，见彼阿弥陀佛。

何等五念门？一者礼拜门，二者赞叹门，三者作愿门，四者观察门，五者回向门。云何礼拜？身业礼拜阿弥陀如来、应、正遍知，为生彼国意故。云何赞叹？口业赞叹，称彼如来名，如彼如来光明智相，如彼名义，欲如实修行相应故。云何作愿？心常作愿，一心专念，毕竟往生安乐国土，欲如实修行奢摩他故。云何观察？智慧观察，正念观彼，欲如实修行毗婆舍那故。彼观察有三种，何等三种？一者观察彼佛国土庄严功德，二者观察阿弥陀佛庄严功德，三者观察彼诸菩萨庄严功德。云何回向？不舍一切苦恼众生，心常作愿，回向为首，得成就大悲心故。

云何观察彼佛国土庄严功德？彼佛国土庄严功德者，成就不可思议力故。如彼摩尼如意宝性，相似相对法故。观察彼佛国土庄严功德成就者，有十七种，应知。何等十七？一者庄严清净功德成就，二者庄严量功德成就，三者庄严性功德成就，四者庄严形相功德成就，五者庄严种种事功德成就，六者庄严妙色功德成就，七者庄严触功德成就，八者庄严三种功德成就，九者庄严雨功德成就，十者庄严光明功德成就，十一者庄严妙声功德成就，十二者庄严主功德成就，十三者庄严眷属功德成就，十四者庄严受用功德成就，十五者庄严无诸难功德成就，十六者庄严大义门功德成就，十七者庄严一切所求满足功德成就。

庄严清净功德成就者，偈言“观彼世界相，胜过三界道”故。

庄严量功德成就者，偈言“究竟如虚空，广大无边际”故。

庄严性功德成就者，偈言“正道大慈悲，出世善根生”故。

庄严形相功德成就者，偈言“净光明满足，如镜日月轮”故。

庄严种种事功德成就者，偈言“备诸珍宝性，具足妙庄严”故。

庄严妙色功德成就者，偈言“无垢光焰炽，明净曜世间”故。

庄严触功德成就者，偈言“宝性功德草，柔软左右旋，触者生胜乐，过迦旃邻陀”故。

庄严三种功德成就者，有三种事，应知。何等三种？一者水，二者地，三者虚空。庄严水功德成就者，偈言“宝花千万种，弥覆池流泉，微风动花叶，交错光乱转”故。庄严地功德成就者，偈言“宫殿诸楼阁，观十方无碍，杂树异光色，宝栏遍围绕”故。庄严虚空功德成就者，偈言“无量宝交络，罗网遍虚空，种种铃发响，宣吐妙法音”故。

庄严雨功德成就者，偈言“雨花衣庄严，无量香普熏”故。

庄严光明功德成就者，偈言“佛慧明净日，除世痴暗冥”故。

庄严妙声功德成就者，偈言“梵声悟深远，微妙闻十方”故。

庄严主功德成就者，偈言“正觉阿弥陀，法王善住持”故。

庄严眷属功德成就者，偈言“如来净花众，正觉花化生”故。

庄严受用功德成就者，偈言“爱乐佛法味，禅三昧为食”故。

庄严无诸难功德成就者，偈言“永离身心恼，受乐常无间”故。

庄严大义门功德成就者，偈言“大乘善根界，等无讥嫌名，女人及根缺，二乘种不生”故。净土果报离二种讥嫌过，应知，一者体，二者名。体有三种，一者二乘人，二者女人，三者诸根不具人。无此三过故，名离体讥嫌。名亦三种，非但无三体，乃至不闻二乘、女人、诸根不具三种名故，名离名讥嫌。等者，平等一相故。

庄严一切所求满足功德成就者，偈言“众生所愿乐，一切能满足”故。

略说彼阿弥陀佛国土十七种庄严功德成就。示现如来自身利益大功德力成就，利益他功德成就故。彼无量寿佛国土庄严，第一义谛妙境界相，十六句及一句次第说，应知。

云何观佛庄严功德成就？观佛庄严功德成就者，有八种相，应知。何等八种？一者庄严座功德成就，二者庄严身业功德成就，三者庄严口业功德成就，四者庄严心业功德成就，五者庄严大众功德成就，六者庄严上首功德成就，七者庄严主功德成就，八者庄严不虚作住持功德成就。

何者庄严座功德成就？偈言“无量大宝王，微妙净花台”故。

何者庄严身业功德成就？偈言“相好光一寻，色像超群生”故。

何者庄严口业功德成就？偈言“如来微妙声，梵响闻十方”故。

何者庄严心业功德成就？偈言“同地水火风，虚空无分别”故。无分别者，无分别心故。

何者庄严大众功德成就？偈言“天人不动众，清净智海生”故。

何者庄严上首功德成就？偈言“如须弥山王，胜妙无过者”故。

何者庄严主功德成就？偈言“天人丈夫众，恭敬绕瞻仰”故。

何者庄严不虚作住持功德成就？偈言“观佛本愿力，遇无空过者，能令速满足，功德大宝海”故。即见彼佛，未证净心菩萨毕竟得证平等法身，与净心菩萨、与上地诸菩萨毕竟同得寂灭平等故。

略说八句，示现如来自利利他功德庄严次第成就，应知。

云何观察菩萨庄严功德成就？观察菩萨庄严功德成就者，

观彼菩萨有四种正修行功德成就，应知。

何者为四？一者，于一佛土身不动摇，而遍十方种种应化，如实修行，常作佛事。偈言“安乐国清净，常转无垢轮，化佛菩萨日，如须弥住持”故，开诸众生淤泥花故。

二者，彼应化身一切时不前不后，一心一念，放大光明，悉能遍至十方世界教化众生，种种方便，修行所作，灭除一切众生苦故。偈言“无垢庄严光，一念及一时，普照诸佛会，利益诸群生”故。

三者，彼于一切世界，无余照诸佛会大众，无余广大无量供养、恭敬、赞叹诸佛如来功德。偈言“雨天乐花衣，妙香等供养，赞诸佛功德，无有分别心”故。

四者，彼于十方一切世界无三宝处，住持庄严佛、法、僧宝功德大海，遍示令解，如实修行。偈言“何等世界无，佛法功德宝，我愿皆往生，示佛法如佛”故。

又向说观察庄严佛土功德成就、庄严佛功德成就、庄严菩萨功德成就，此三种成就，愿心庄严，应知。略说入一法句故。一法句者，谓清净句。清净句者，谓真实智慧无为法身故。此清净有二种，应知。何等二种？一者器世间清净，二者众生世间清净。器世间清净者，如向说十七种庄严佛土功德成就，是名器世间清净。众生世间清净者，如向说八种庄严佛功德成就、四种庄严菩萨功德成就，是名众生世间清净。如是一法句，摄二种清净义，应知。

如是菩萨，奢摩他、毗婆舍那广略修行，成就柔软心，如实知广略诸法，如是成就巧方便回向。何者菩萨巧方便回向？菩萨巧方便回向者，谓说礼拜等五种修行，所集一切功德善根，不求自身住持之乐，欲拔一切众生苦故，作愿摄取一切众生，共同生彼安乐佛国，是名菩萨巧方便回向成就。

菩萨如是善知回向成就，即能远离三种菩提门相违法。何等三种？一者依智慧门，不求自乐，远离我心贪着自身故。二者依慈悲门，拔一切众生苦，远离无安众生心故。三者依方便门，怜愍一切众生心，远离供养恭敬自身心故。是名远离三种菩提门相违法。

菩萨远离如是三种菩提门相违法，得三种随顺菩提门法满足故。何等三种？一者无染清净心，以不为自身求诸乐故。二者安清净心，以拔一切众生苦故。三者乐清净心，以令一切众生得大菩提故，以摄取众生生彼国土故。是名三种随顺菩提门法满足，应知。

向说智慧、慈悲、方便三种门，摄取般若，般若摄取方便，应知。向说远离我心不贪着自身、远离无安众生心、远离供养恭敬自身心，此三种法，远离障菩提心，应知。向说无染清净心、安清净心、乐清净心，此三种心，略一处成就妙乐胜真心，应知。

如是菩萨智慧心、方便心、无障心、胜真心，能生清净佛国土，应知。是名菩萨摩诃萨随顺五种法门，所作随意自在成就。如向所说身业、口业、意业、智业、方便智业，随顺法门故。

复有五种门，渐次成就五种功德，应知。何者五门？一者近门，二者大会众门，三者宅门，四者屋门，五者园林游戏地门。此五种门，初四种门成就入功德，第五门成就出功德。

入第一门者，以礼拜阿弥陀佛，为生彼国故，得生安乐世界，是名入第一门。

入第二门者，以赞叹阿弥陀佛，随顺名义称如来名，依如来光明智相修行故，得入大会众数，是名入第二门。

入第三门者，以一心专念，作愿生彼，修奢摩他寂静三昧行故，得入莲华藏世界，是名入第三门。

入第四门者，以专念观察彼妙庄严，修毗婆舍那故，得到彼处，受用种种法味乐，是名入第四门。

出第五门者，以大慈悲，观察一切苦恼众生，示应化身，回入生死园烦恼林中，游戏神通，至教化地，以本愿力回向故，是名出第五门。

菩萨入四种门，自利行成就，应知。菩萨出第五门，回向利益他行成就，应知。菩萨如是修五门行，自利利他，速得成就阿耨多罗三藐三菩提故。

《无量寿修多罗优婆提舍愿生偈》略解义竟。

依经明五种增上缘义

唐比丘善导集记

依《无量寿经》一	依《十六观经》二
依四纸《阿弥陀经》三	依《般舟三昧经》四
依《十往生经》五	依《净度三昧经》六

谨依释迦佛教六部往生经等，显明称念阿弥陀佛，愿生净土者，现生即得延年转寿，不遭九横之难，一一具如下五缘义中说。

问曰：佛劝一切众生发菩提心，愿生西方阿弥陀佛国；又劝造阿弥陀像，称扬礼拜，香花供养，日夜观想不绝；又劝专念弥陀佛名，一万、二万、三万、五万，乃至十万者；或劝诵《弥陀经》，十五、二十、三十、五十，乃至一百，满十万遍者，现生得何功德？百年舍报以后，有何利益，得生净土以否？

答曰：现生及舍报，决定有大功德利益。准依佛教，显明五种增上利益因缘：一者灭罪增上缘，二者护念得长命增上缘，三者见佛增上缘，四者摄生增上缘，五者证生增上缘。

△ 言灭罪增上缘者

即如《观经》下品上生人，一生具造十恶重罪，其人得病欲死，遇善知识，教称弥陀佛一声，即除灭五十亿劫生死重罪。即是现生灭罪增上缘。

又如下品中生人，一生具造佛法中罪，破斋破戒，食用佛法僧物，不生惭愧。其人得病欲死，地狱众火一时俱至。遇善知识，为说弥陀佛身相功德，国土庄严。罪人闻已，即除八十亿劫生死之罪，地狱即灭。亦是现生灭罪增上缘。

又如下品下生人，一生具造五逆极重之罪，经历地狱，受苦无穷。罪人得病欲死，遇善知识，教称弥陀佛名十声，于声声中，除灭八十亿劫生死重罪。此亦是现生灭罪增上缘。

又若有人，依《观经》等画造《净土庄严变》，日夜观想宝地者，现生念念除灭八十亿劫生死之罪。又依经画变，观想宝树、宝池、宝楼庄严者，现生除灭无量亿阿僧祇劫生死之罪。又依花座庄严观，日夜观想者，现生念念除灭五十亿劫生死之罪。又依经观想像观、真身观、观音势至等观，现生于念念中除灭无量亿劫生死之罪。如上所引，并是现生灭罪增上缘。

△ 又言护念增上缘者

即如第十二观中说云：若有人一切时处日夜至心观想弥陀

净土二报庄严，若见不见，无量寿佛化作无数化佛，观世音、大势至亦作无数化身，常来至此行人之所。亦是现生护念增上缘。

又如《观经》下文：若有人至心常念阿弥陀佛及二菩萨，观音、势至常与行人作胜友知识，随逐影护。此亦是现生护念增上缘。

又如第九真身观说云：阿弥陀佛金色身，毫相光明遍照十方众生，身毛孔光亦遍照众生，圆光亦遍照众生，八万四千相好等光亦遍照众生，又如前身相等光一一遍照十方世界，但有专念阿弥陀佛众生，彼佛心光常照是人，摄护不舍，总不论照摄余杂业行者。此亦是现生护念增上缘。

又如《十往生经》说：佛告山海慧菩萨及以阿难："若有人专念西方阿弥陀佛，愿往生者，我从今以去，常使二十五菩萨影护行者，不令恶鬼恶神恼乱行者，日夜常得安隐。"此亦是现生护念增上缘。

又如《弥陀经》说：若有男子、女人，七日七夜，及尽一生，一心专念阿弥陀佛，愿往生者，此人常得六方恒河沙等佛共来护念，故名《护念经》。"护念经"意者，亦不令诸恶鬼神得便，亦无横病、横死、横有厄难，一切灾障自然消散，除不至心。此亦是现生护念增上缘。

又如《般舟三昧经·行品》中说云：佛告跋陀和："若有人七日七夜，在道场内，舍诸缘事，除去睡卧，一心专念阿弥陀佛真金色身，或一日、三日、七日，或二七日，五、六、七七日，或至百日，或尽一生，至心观佛，及口称心念者，佛即摄受。”既蒙摄受，定知罪灭得生净土。佛言：“若人专行此念弥陀佛三昧者，常得一切诸天及四天大王、龙神八部随逐影护，爱乐相见，永无诸恶鬼神、灾障厄难横加恼乱。”具如《护持品》中说。此亦是现生护念增上缘。

又依《灌顶经》第三卷说云：若人受持三归五戒者，佛敕天帝：“汝差天神六十一人，日夜年月随逐守护受戒之人，勿令诸恶鬼神横相恼害。”此亦是现生护念增上缘。

又如《净度三昧经》说云：佛告瓶沙大王：“若有男子、女人，于月月六斋日，及八王日，向天曹地府、一切业道，数数首过，受持斋戒者。佛敕六欲天王，各差二十五善神，常来随逐守护持戒之人，亦不令有诸恶鬼神横来恼害，亦无横病、死亡、灾障，常得安隐。”此亦是现生护念增上缘。

又白诸行者，但欲今生日夜相续专念弥陀佛、专诵《弥陀经》、称扬礼赞净土圣众庄严，愿生者，日别诵经十五遍，二十、三十遍以上者，或诵四十、五十、百遍以上者，愿满十万遍；又称扬礼赞弥陀净土依正二报庄严；又除入三昧道场，日别念弥陀佛一万，毕命相续者，即蒙弥陀加念，得除罪障，又蒙佛与圣众常来护念，既蒙护念，即得延年转寿、长命安乐因缘。一一具如《譬喻经》、《惟无三昧经》、《净度三昧经》等说。此亦是现生护念增上缘。

△ 又言见佛三昧增上缘者

即如《观经》说云：摩竭提国王夫人名韦提希，每在宫内愿常见佛，遥向耆阇崛山悲泣敬礼。佛遥知念，即于耆山没，王宫出现。夫人礼已举头，即见世尊，身紫金色，坐宝莲花。目连、阿难，立侍左右。释、梵临空，散花供养。夫人见佛，举身投地，号泣向佛，求哀忏悔："唯愿如来教我观于清净业处。"又如此经证，非直夫人心至见佛，亦与未来凡夫起教，但使有心愿见者，一依夫人至心忆佛，定见无疑。此即是弥陀佛三念愿力外加，故得令见佛。言三力者，即如《般舟三昧经》说云：一者以大誓愿力加念，故得见佛；二者以三昧定力加念，故得见佛；三者以本功德力加念，故得见佛。以下见佛缘中，例同此义。故名见佛三昧增上缘。

问曰：夫人福力强胜，蒙佛加念，故见佛。末法众生，罪愆深重，何由得与夫人同例？又此义者甚深广大，一一具引佛经，以为明证。

答曰：佛是三达圣人，六通无障，观机备教，不择浅深，但使归诚，何疑不见？即如《观经》下说云：佛赞韦提："快问此事！阿难受持，广为多众宣说佛语。如来今者，教韦提希，及未来世一切众生，观于西方极乐世界。以佛愿力故，见彼国土，如执明镜，自见面像。"又以此经证，亦是弥陀佛三力外加，故得见佛。故名见佛净土三昧增上缘。

又如下经云：佛告韦提：“汝是凡夫，心想又劣，不能远见。致使诸佛如来有异方便，令汝等见。”夫人白佛言：“我今因佛力故，见彼国土。若佛灭后，诸众生等，浊恶不善，五苦所逼，云何得见极乐世界？”佛即告言：“韦提，汝及众生，专心悬念，想于西方琉璃地下一切宝幢，地上众宝，室内庄严等。专心注意，亦同上夫人得见。”即云：“一一观之，极令了了，闭目开目，皆令得见。如此想者，名为粗见。”此谓觉想中见，故云粗见。若得定心三昧，及口称三昧者，心眼即开，见彼净土一切庄严，说无穷尽也。又以此经证，一切凡夫但使倾心，定有见义，应知。设有见闻者，不须惊怪也。何以故？乃由弥陀佛三昧力外加故得见，故名见佛净土三昧增上缘。

又如下花座观中说云：佛告阿难、韦提：“佛当为汝说除苦恼法，汝当广为大众分别解说。”说是语时，无量寿佛、观音、势至应声来现，住立空中。韦提见即礼，礼已，白释迦佛言：“我今因佛力故，得见无量寿佛及二菩萨。若佛灭后，诸众生等，云何观见阿弥陀佛及二菩萨？”佛即告言：“汝及众生欲观彼佛者，当起想念，七宝地上作莲花想，花想成已，次当想佛。想佛时，是心即想作三十二相。从顶上，下至跏趺坐以来，一一身分，亦皆想之。随心想时，佛身即现。”此是弥陀三力外加，即得见佛，亦名见佛三昧增上缘。

又如下经云：“想彼佛者，先当想像。见一金像，坐彼花上。既想见已，心眼即开，了了分明，及见彼国一切庄严。”

此亦是弥陀三力外加故见佛，故名见佛三昧增上缘。

又如下经云："次想二菩萨，及诸光明，了了而见。见此事时，行者即于三昧定中，当闻水流、光明、庄严等说法之声。出定入定，行者常闻妙法。"此亦是弥陀佛三力外加故见佛，故名见佛三昧增上缘。

又如下真身观中说云：佛告阿难："像观成已，次更观无量寿佛，身真金色，眉间毫相，圆光化佛，及相好等光。但当忆想，令心眼见。见已，即见十方一切诸佛，故名念佛三昧。"以此文证，亦是弥陀佛三力外加故见佛，故名见佛三昧增上缘。

又如下经云：佛言："是故智者一心谛观无量寿佛，从一相好入，但观眉间白毫，极令明了者，八万四千相好，自然见之。见已，即见十方一切诸佛，于诸佛前，次第受记。"又以此经证，亦是弥陀佛三力外加，故得令凡夫专心想者定得见佛，亦名见佛三昧增上缘。

又如观音、势至、普、杂等观，及下九品人，一生起行，乃至七日、一日，十声、一声等，命欲终时愿见佛者，若现生乃遇善知识，行人自能心口称念弥陀佛，佛即与圣众、花台来现，行人见佛，亦见圣众、花台等。又以此经证，亦是弥陀佛三力外加，故得见佛，故名见佛三昧增上缘。

又如下经云：佛告阿难："此经名《观极乐国土、无量寿佛及观世音、大势至菩萨经》，汝当受持，无令忘失。行此三昧者，现身得见无量寿佛及二菩萨。”又以此经证，亦是弥陀佛三力外加，致使凡夫念者，乘自三心力，故得见佛。至诚心、信心、愿心为内因，又借弥陀三种愿力以为外缘，外内因缘和合故，即得见佛，故名见佛三昧增上缘。

又如《般舟三昧经》云：佛告跋陀和菩萨：“有三昧，名十方诸佛悉在前立。若欲疾得是三昧者，常当守习持，不得有疑想如毛发许。若比丘、比丘尼、优婆塞、优婆夷，欲行学是三昧者，七日七夜，除去睡眠，舍诸乱想，独一处止，念西方阿弥陀佛，身真金色，三十二相，光明彻照，端正无比。一心观想，心念口称，念念不绝者，佛言七日以后见之。譬如有人夜观星宿，一星即是一佛。若有四众作是观者，见一切星，即见一切佛。”又以此经证，亦是弥陀佛三力外加故见佛。言三昧者，即是念佛行人心口称念，更无杂想，念念住心，声声相续，心眼即开，得见彼佛，了然而现，即名为定，亦名三昧。正见佛时，亦见圣众，及诸庄严。故名见佛净土三昧增上缘。

又如《月灯三昧经》云：“念佛相好及德行，能使诸根不乱动，心无迷惑与法合，得闻得智如大海。智者住于是三昧，摄念行于经行所，能见千亿诸如来，亦遇无量恒沙佛。”又以此经证，亦是见佛三昧增上缘。

又如《文殊般若经》云：文殊白佛言：“云何名一行三昧？”佛言：“若男子、女人，在空闲处，舍诸乱意，随佛方所，端身正向，不取相貌，专称佛名，念无休息，即于念中能见过、现、未来三世诸佛。”又以此经证，即是诸佛同体大悲念力，加被令见，此亦是凡夫见佛三昧增上缘。

△ **又言摄生增上缘者**

即如《无量寿经》四十八愿中说，佛言：“若我成佛，十方众生愿生我国，称我名字，下至十声，乘我愿力，若不生者，不取正觉。”此即是愿往生行人，命欲终时，愿力摄得往生，故名摄生增上缘。

又此经上卷云：“若有众生得生西方无量寿佛国者，皆乘弥陀佛大愿等业力为增上缘。”即为证也。亦是摄生增上缘。

又此经下卷初云：佛说一切众生根性不同，有上、中、下，随其根性，佛皆劝专念无量寿佛名。其人命欲终时，佛与圣众自来迎接，尽得往生。此亦是摄生增上缘。

又如《观经》第十一观，及下九品，皆是佛自说。修定、散二行人命终时，一一尽是弥陀世尊自与圣众花台授手，迎接往生。此亦是摄生增上缘。

又如四纸《弥陀经》中说，佛言：“若有男子、女人，或一日、七日，一心专念弥陀佛名，其人命欲终时，阿弥陀佛与诸圣众自来迎接，即得往生西方极乐世界。”释迦佛言：“我见是利，故说此言。”即为证也。此亦是摄生增上缘。

又如四十八愿中说云：“设我得佛，十方众生发菩提心，修诸功德，至心发愿，欲生我国。临命终时，我不与大众现其前者，不取正觉。”此亦是摄生增上缘。

又如下愿云：“设我得佛，十方众生闻我名号，计念我国，至心回向，愿生我国，不果遂者，不取正觉。”此亦是摄生增上缘。

又如下愿云：“设我得佛，十方世界，其有女人，闻我名字，欢喜信乐，发菩提心，厌恶女身。命终之后，复为女身者，不取正觉。”义曰：乃由弥陀本愿力故，女人称佛名号，正命终时，即转女身得成男子，弥陀接手，菩萨扶身，坐宝花上，随佛往生，入佛大会，证悟无生。又一切女人，若不因弥陀名愿力者，千劫、万劫、恒河沙等劫，终不可转得女身，应知。今或有道俗云女人不得生净土者，此是妄说，不可信也。又以此经证，亦是摄生增上缘。

△ 又言证生增上缘者

问曰：今既言弥陀四十八愿摄一切众生得生净土者，未知摄何等众生得生，又是何人保证得生也？

答曰：即如《观经》说云：佛告韦提：“汝今知否？阿弥陀佛去此不远，汝当计念谛观彼国净业成者，亦令未来世一切凡夫得生西方极乐国土。”今以此经证，但是佛灭后凡夫，乘佛愿力，定得往生。即是证生增上缘。

又问曰：释迦说教，示悟众生。何故一种佛法，即有信不信，共相讥毁者，有何所以？

答曰：凡夫机性，有其二种：一者善性人，二者恶性人。

其善性人，一者即舍恶行善善人，二者舍邪行正善人，三者舍虚行实善人，四者舍非行是善人，五者舍伪行真善人。此五种人，若能归佛，即能自利利他，在家行孝，在外亦利他人，在望行信，在朝名君子，事君能尽忠节，故名自性善人也。

言恶性人者，一者即谤真行伪恶人，二者谤正行邪恶人，三者谤是行非恶人，四者谤实行虚恶人，五者谤善行恶恶人。又此五种人，若欲愿归佛，不能自利，亦不利他人。又在家不孝，在望无信，在朝名小儿，事君则常怀谄佞，谓之不忠。又此人等，于他贤德善人身上，唯能败是成非，但见他恶，故名自性恶人也。又上至诸佛、贤圣，人天六道一切良善，此等恶人所讥耻辱也，诸有智者应知。

今一一具引善恶二性人，道理显然。答上问竟。

又下经云：佛告韦提："汝及众生，专心计念一处，想于西方地下金幢，地上众宝庄严。"下至十三观以来，总答上韦提二请，以为明证，欲使善恶凡夫回心起行，尽得往生。此亦是证生增上缘。

又如下经云："众宝国土，有五百亿宝楼，其楼阁中，有无量天人，作天伎乐，此众音中，皆说念佛法僧。此想成已，命欲终时，定生彼国。"又以此经证，亦是证生增上缘。

又如下经云：佛告阿难："如此妙花，是本法藏比丘愿力所成。若欲念彼佛者，当先作此花座想，一一观之，皆令分明。此想成者，必定当生极乐世界。”又以此经证，亦是证生增上缘。

又如《无量寿经》云：佛告阿难：“其有众生生彼国者，皆悉住于正定之聚。十方诸佛，皆共赞叹彼佛。若有众生闻其名号，信心欢喜，乃至一念愿生彼国，即得往生，住不退转。”又以此经证，亦是证生增上缘。

又如《观经》九品云，一一品中所告众生者，皆是若佛在世、若佛灭后五浊凡夫，遇善知识，劝令生信，持戒念佛，诵经礼赞，决定往生。以佛愿力，尽得往生。此亦是证生增上缘。

又如《弥陀经》云：六方各有恒河沙等诸佛，皆舒舌遍覆三千世界，说诚实言：“若佛在世，若佛灭后，一切造罪凡夫，但回心念阿弥陀佛，愿生净土，上尽百年，下至七日、一日、十声、三声、一声等，命欲终时，佛与圣众自来迎接，即得往生。”如上六方等佛舒舌，定为凡夫作证，罪灭得生。若不依此证得生者，六方诸佛舒舌一出口以后，终不还入口，自然坏烂。此亦是证生增上缘。

又敬白一切往生人等，若闻此语，即应声悲雨泪，连劫累劫粉身碎骨，报谢佛恩，由来称本心，岂敢更有毛发惮之心？又白诸行人等，一切罪恶凡夫尚蒙罪灭，证摄得生，何况圣人愿生而不得去也？

上来总答前问，摄何等众生得生净土，五种增上缘义竟。

问曰：释迦出现，为度五浊凡夫，即以慈悲开示十恶之因，报果三途之苦，又以平等智慧，悟入人天，回生弥陀佛国。诸经顿教，文义历然。今乃有人公然不信，共相诽毁者，未知此人现生及死后，得何罪报？具引佛经与其作证，令生改悔，信佛大乘，回生净土，即为利益也。

答曰：依佛经答者。又此恶人，如上五恶性分中已说竟。今直引佛经，以为明证，即如《十往生经》云：佛告山海慧菩萨："汝今为度一切众生，应当受持是经。"佛又告山海慧："是经名为《观阿弥陀佛色身正念解脱三昧经》，亦名《度诸有流生死八难有缘众生经》，如是受持。众生未有念佛三昧缘者，是经能与作开大三昧门。是经能与众生闭地狱门，是经能与众生除害人恶鬼殄灭，四向悉皆安隐。"佛告山海慧："如我所说，其义如是。"

山海慧白佛言："未来众生，多有诽谤。如是之人，于后云何？"

佛言："于后阎浮提，或有比丘、比丘尼、若男、若女，见有读诵是经，或相瞋恚，心怀诽谤。缘是谤正法故，是人现身得诸恶重病，身根不具，或得聋病、盲病、失阴病、鬼魅、邪狂、风冷、热痔、水肿、失心，如是等诸恶重病，世世在身。如是受苦，坐卧不安，大小便利亦皆不通，求生求死不得。谤是经故，受苦如是。或时死后堕于地狱，八万劫中受大苦恼，百千万世未曾闻水食之名。谤是经故，得罪如是。或时得出，生在人中，作牛马猪羊，为人所杀，受大苦恼，为谤是经故。后得人身，常生下贱，百千万世不得自在，百千万世不见三宝名字。为谤是经故，受苦如是。是故无智人中，莫说是经。正观正念，如是之人，然后与说。彼此不敬是经，堕于地狱。彼此敬重，得正解脱，往生阿弥陀佛国。”

今又以此经证，故知毁敬之者，佛记损益不虚，应知。具答前问竟。

又问：若佛灭后，一切善恶凡夫，发菩提心，愿生弥陀佛国者，日夜计心，毕此一生，称、观、礼、赞、香花供养阿弥陀佛及观音圣众、净土庄严，念念观想，三昧或成未成者，现生得何功德？具引佛经，以为明证，欲令修学行人欢喜爱乐，信受奉行。

答曰：快问斯义，即是闭绝六道生死之因行，永开常乐净土之要门也。非直弥陀称愿，亦乃诸佛普皆同庆。今依经具答者，即如《般舟三昧经》说：

佛告跋陀和菩萨：“于是念佛三昧中，有四事供养，饮食、衣服、卧具、汤药，助其欢喜。过去诸佛，持是念阿弥陀佛三昧四事助欢喜，皆得成佛。现在十方诸佛，亦持是念佛三昧四事助欢喜，皆得作佛。未来诸佛，亦持是念佛三昧四事助欢喜，皆得作佛。”

佛告跋陀和：“是念阿弥陀佛三昧四事助欢喜，我于是三昧中，说其少喻，比较念佛功德。譬如人寿百岁，亦生即能行走至老，过于疾风，有人能计其道里以否？”

跋陀和言：“无能计者。”

佛言：“我故语汝及诸菩萨等，若善男子、女人，取是人行处，着满中珍宝，以用布施，所得功德，不如有人闻是念阿弥陀佛三昧四事供养助欢喜功德，过上布施者千万亿倍，亦非比较。”

佛言：“乃往久远不可计阿僧祇劫，有佛号曰私诃提，国名跋陀和。有转轮王，名曰斯等，往至佛所。佛知王意，即为说是念佛三昧四事助欢喜。王闻欢喜，即持种种珍宝以散佛上。王自愿言：‘持是功德，令十方人天皆得安隐。’”

佛言：“其王终后，还自生其家作太子也，名梵摩达。时有比丘，名曰珍宝，常为四部弟子说是念佛三昧。时王闻之，四事助欢喜，即以宝物散比丘上，又持衣服以供养之。王与千人于比丘所出家，求学是念佛三昧，常与千人共承事其师，经八千岁，日夜无懈，唯得一度闻是念佛三昧，即入高明智。却后更见六万八千诸佛，于一一佛所，皆闻是念佛三昧，得成佛果。”

佛言：“若人百里、千里、四千里，欲闻是念佛三昧，必往求之，何况近而不求学者？”

又白诸往生人等，上来所引佛教以为明证者，一一具如《四事供养功德品》中说。

问曰：准依佛教，精勤苦行，日夜六时礼念行道，观想转诵，斋戒一心，厌患生死，畏三途苦，毕此一形，誓生净土弥陀佛国者。又恐残殃不尽，现与十恶相应。觉有斯障者，云何除灭？具引佛经，示其方法。

答曰：依佛经答者，即如《观佛三昧海经》说，佛为父王及诸大众说："过去有佛，名曰空王。像法住世时，有四比丘，破戒犯重。时空王佛，于夜空中出声，告四比丘言：'汝之所犯，名不可救。欲灭罪者，可入我塔中，观我形像，至心忏悔，可灭此罪。'时四比丘，万事俱舍，一心奉教入塔，于佛像前，自扑忏悔，如大山崩，宛转于地，号哭向佛，日夜相续，至死为期。舍命以后，得生空王佛国。"今以此经证，行者等欲忏悔时，亦依此教法门。

佛言："若我灭后，佛诸弟子，舍离诸恶，乐少语法。日夜六时，能于一时分为少时，少分之中，于须臾间，念佛白毫者，若见不见，如是等人，除却九十六亿那由他恒河沙微尘劫生死之罪。若复有人，闻是白毫，心不惊疑，欢喜信受，此人亦除八十亿劫生死之罪。若诸比丘、比丘尼，若男女人，犯四根本、十恶等罪、五逆罪，及谤大乘。如是诸人，若能忏悔，日夜六时，身心不息，五体投地，如大山崩，号泣雨泪，合掌向佛，念佛眉间白毫相光，一日至七日，前四种罪，可得轻微。观白毫暗不现者，应入塔中，观眉间白毫，一日至三日，合掌啼泣。又暂闻亦除三劫之罪。"

佛告父王，及敕阿难：“吾今为汝悉现身相光明。若有不善心者，若毁佛禁戒者，见佛各不同。”时五百释子，见佛色身犹如灰人。比丘千人，见佛犹如赤土。十六居士、二十四女人，见佛纯黑。诸比丘尼，见佛如银色。时诸四众白佛：“我今者不见佛妙色！”自拔头发，举身投地，啼泣雨泪，自扑宛转。佛言：“善男子，如来出现，正为除灭汝等罪咎。汝今可称过去七佛，为佛作礼，说汝先世邪见之罪。汝当向诸大德僧众，发露悔过。”随顺佛语，于佛法众中，五体投地，如大山崩，向佛忏悔。既忏悔已，心眼得开，见佛色身，心大欢喜。佛告诸比丘：“汝等先世无量劫时，邪见疑师，无戒虚受信施。以此因缘故，堕饿鬼、地狱，八万岁受苦。今虽得出，于无量世不见诸佛，但闻佛名。今见佛身如赤土色，正长五尺。”佛说是语已，千比丘等向佛忏悔，五体投地，如大山崩，悲号雨泪。犹如风吹，重云四散，显发金颜。既见佛已，比丘欢喜，发菩提心。佛告父王：“此千比丘，殷勤求法，心无懈息。”佛与授记，同号“南无光照如来”。

以上忏悔法，出《观佛三昧海经》第二、第三卷。

《佛说观佛三昧海经·卷第十·密行品第十二》：佛告阿难：“未来众生，其有得是念佛三昧者，观佛诸相好者，得诸佛现前三昧者，当教是人，密身口意，莫起邪命，莫生贡高。若起邪命及贡高法，当知此人是增上慢，破灭佛法，多使众生起不善心，乱和合僧，显异惑众，是恶魔伴。如是恶人，虽复念佛，失甘露味。此人生处，以贡高故，身恒卑小，生下贱家，贫穷诸衰，无量恶业以为严饰。如此种种众多恶事，当自防护，令永不生。若起如是邪命业者，此邪命业，犹如狂象，坏莲花池，此邪命业亦复如是，坏败善根。”佛告阿难：“有念佛者，当自防护，勿令放逸。念佛三昧人，若不防护，生贡高者，邪命恶风吹骄慢火，烧灭善法。善法者，所谓一切无量禅定。诸念佛法，从心想生，是名功德藏。”佛告阿难：“此经名《系想不动》，如是受持。亦名《观佛白毫相》，如是受持。亦名《逆顺观如来身分》，亦名《一一毛孔分别如来身分》，亦名《观三十二相、八十随形好、诸智慧光明》，亦名《观佛三昧海》，亦名《念佛三昧门》，亦名《诸佛妙花庄严色身经》。汝好受持，慎勿忘失。”

又如《大集经·济龙品》说，时娑伽罗龙王请佛入宫设供，佛受龙请。佛与圣众食讫，时大龙王又请说法。时龙王太子名曰华面，自起佛前，四肢布地，悲声忏悔：“过去作何罪业，受此龙身。”又以此经证，亦是忏悔至诚方法，应知。

一切经内，皆有此文，不可广录。今略抄三部经，以示后学，除不至心，作者皆知佛不虚言。

又如《木槵经》说：时有难陀国王，名波琉璃，遣使来到佛所，顶礼佛足，白佛言：“世尊，我国边小，频岁寇贼，五谷踊贵，疫疾流行，人民困苦，我恒不得安卧。如来法藏，多悉深广，我有忧务，不得修行。唯愿世尊，特垂慈愍，赐我要法，使我日夜易得修行，未来世中远离众苦。”佛告使言：“语卿大王，若欲灭烦恼障、报障者，当贯木槵子一百八，以常自随。若行若坐若卧，恒当至心，无分散意，口称佛陀、达磨、僧伽名，乃过一木槵子。如是若十、若二十、若百、若千，乃至百千万。若能满二十万遍，身心不乱，无诸谄曲者，舍命得生第三炎摩天，衣食自然，常受安乐，得除断百八结业，背生死流，趣涅槃道，获无上果。”使还启王，王大欢喜，头面礼佛，遥白世尊：“顶受尊教，我当奉行。”即敕吏民营办木槵子，以为千具，六亲国戚皆与一具。王常诵念，虽亲军旅，亦不废舍。又作是念：“世尊大慈，普应一切。若我此善，得免长沦苦海，如来当现，为我说法。”王以愿乐逼心，三日不食。佛即现身，与诸圣众来入宫内，为王说法。又以此证，直是王心真实，念念障除。佛知罪灭，应念而现。应知。

西方要决释疑通规

唐大慈恩寺沙门释窥基撰

仰惟释迦启运，弘益有缘。教阐随方，并沾法润。亲逢圣化，道悟三乘。福薄因疏，劝归净土。作斯业者，专念弥陀，一切善根，回生彼国。弥陀本愿，誓度娑婆。上尽现生一形，下至临终十念，俱能决定，皆得往生。

当今学者，特怀疑虑。为诸经论，文有相违。若不会通，疑端莫绝。略陈十四，种释湍流。博识通才，幸寻取悟耳。

第一、《金刚般若经》云："若以色见我，以音声求我。是人行邪道，不能见如来。"

疑曰：《般若经》说，色声求佛，判为邪道。《弥陀》、《观经》等，乃教观佛身相，又念佛名也。既求佛不离色声，如何不入邪道？若归正路，净土是可依凭。经判为邪，纵作恐归魔境。二途莫决，皂白请分。

通曰：大师说教，义有多门。各称时机，等无差异。《般若经》说，自是一门。《弥陀》等经，复为一理。

何者？一切诸佛，并有三身。法佛无形体，非声色，若以色声相取，此即为邪。良为二乘及小菩萨，闻说三身不异，即谓同有色声，但见化身色相，遂执法身亦尔，乃以化身之相，求见法身。妙理精微，相声永绝。既以色声求睹，故说为邪。

《弥陀经》等劝念佛名、观相，求生净土者，但以凡夫障重，法身幽微，法体难缘，且教念佛，观形礼赞，障断福生，愿行相资，求生净土，拟逢化佛，以作不退良缘。所以上代通人，咸依此教，观形念号，求见化身，冀命终时，亲来接引。遂感弥陀化主，降念相迎，报尽乘花，即生彼国。

初心后境，理契无违。念号观形，并非邪道。岂得独怀一执，不悟圣心，异说纷纭，令他致惑？寻斯要决，皂白足分。犹豫既无，归心妙业。勿生乱想，反堕三途，众苦迫伤，悔之何及！

第二、《佛藏经》云："若有比丘，见有佛、法、僧、戒可取者，是魔眷属，非我弟子，我非彼师，非我摄受。"

疑曰：《佛藏经》说，心外见佛，皆说是魔，佛非彼师，说彼非佛弟子。如净土教，专遣念佛名，观佛相好，求生佛国者，即非佛弟子，佛非彼师，云何得佛护念，往生净国？仰寻二教，无不佛言。两说既殊，若为取判？

通曰：教迹万差，同归一实。随根差立，义别言诠。审察两经，文乖理一。何者？佛、法、僧、戒，有三种不同：一者真谛，二者别相，三者住持。

真如体净，二障斯亡，本觉圆明，即为真佛。守性不改，胜智轨成，大士同缘，万行斯著，即为真法也。冥符理会，乖诤绝言，此真僧也。性洁澄严，体净无垢，即为真戒也。据斯胜义，故说真谛。《涅槃经》云："若能观三宝，常住同真谛。此即是诸佛，最上之誓愿。"即其义也。

言别相者。佛有三身，即法、报、化也。法有四种，即理、教、行、果也。僧有二种，即有为、无为也。戒者，即在家、出家修道行者，止、作二持，一切戒品也。

但修别相，为证真谛。起行之徒，只知别相，便为究竟，不悟真原。学戒之流，并为助道。佛之名相，应现非真，用接少凡，权为憩室。下愚不了，预执为真。所以佛诃，称魔眷属。佛之真子，要达二空，远契如如，方期本愿。端居名相，不悟真空，却入魔乡，远佛违法。

阴魔将越，必因常住法身。烦恼障除，要赖虚空等定。出天魔界，还由慈力等持。冀殄死魔，功据神足之定。仰瞻四方，非大圣之莫能。伏察四魔，岂下流之有效。若不栖神至道，绝爱网之无由。系想归真，隔生途之乱轨。所以佛教凡流，且学观因[①]。若想西方，且求不退。得生化土，见佛化

① "观因"，原本作"乱固"，今改。《大正藏》校注，别本"乱"作"规"。《西方要决科注》云，"固"或当改作"因"也。

身。化主提携，得无生忍。平等法界，了达分明。借此神功，坏诸魔网，近超三界，远证菩提。若不如斯，还沉恶趣，长时受苦，解脱未期。

详此二因，差无违诤。勿随一见，浪执生疑。顺此要门，乃为想土。仍坏住此，牢绝轮回。验此随行，浅深观因，自分殊益。详因念理，契本何差？

第三、《无量寿经》云："此界一日一夜修道，胜余佛土百年。"《维摩经》云："娑婆国土有十事善法，诸余佛土之所无有。"谓以布施摄贫穷等。

疑曰：准此经说，娑婆修道，乃胜余方。何劳专念弥陀，愿生极乐？舍胜取劣，业行难成。取舍二途，幸详曲委。

通曰：善逝弘规，靡不存益。各随一趣，理不相违。何者？修行之机，凡有两位：未登不退，难居秽土，欲修自行，多有退缘。违顺触情，便生忧喜。爱憎竞发，恶业复兴。无法自安，还沉恶趣。若也修因万劫，法忍已成，秽土堪居，方能益物。既成自行，已免轮回，十事利他，诸方不及。为余佛土，依报精华，众具莫亏，所须随念，既无乏少，施欲何人？自余九事，准斯可委。所以自知不退，住此无防，广业益他，胜诸佛国。

当今学者，去圣时遥，三毒炽然，未能自在。若生净土，托彼胜缘，藉佛加威，方得不退。是故要生彼国，成自利因。

据此而言，差无违诤。

第四、《弥勒问经》云："念佛者，非凡愚念，不杂结使念，得生弥陀佛国。"

疑曰：准此经说，夫念佛者，非是凡愚，不杂结使，方成净业。今修行者，圣位未登，结使不除，如何得往？汝今念佛，功不枉施。疑网稍淹，请垂剖折。

通曰：教阐随机，密旨难悟。色丝之妙，达者须臾。所以取舍不明，浪生疑执。

何者？佛教净业，都是凡夫，因果深信，岂得愚也？今解"凡愚"，应作四句：一、凡而不愚，谓从善趣，乃至十信终心，无得相似唯识智，故谓之凡；但于谛道缘生，深怀仰信，运心取舍，损益能知，此即不愚也。二者愚而不凡者，十解以上菩萨，于真如境未能证见，故说为愚；得相似无漏智，皆比知二无我，不随生死凡流，亦得义说非凡也。又解，初地以上菩萨，于胜进分，无明障故，约此称愚；由得圣法，故非凡也。三者亦凡亦愚，即善趣以前一切众生，未顺圣理，曰之为凡；不了因果，复说为愚也。四者非凡非愚，所谓如来圣智满足，二障都尽，故非凡愚也。

所言凡者，泛也。准治人德，损益莫分，泛尔受生，等同凡类。去来善恶，轻重不知，此为愚也。今欲往生净土作业之人，知此娑婆苦切充满，特生厌背，不可久居。闻说西方胜乐无极，专诚注想，誓往无疑。既能永灭苦流，长辞染界，即非薄浅泛尔随生。但能念佛求往彼方，道悟无生，当来作佛，意专广度法界众生。能运此心，定生妙刹。有斯胜解，故非愚也。

言“不杂结使”者，“使”谓十使，“结”谓九结。念佛之心，即第六识。心王正起欲作恶事，结使烦恼容可得生。正念佛时，与遍行五所，及善十一所，不动诸结，无因起故。心缘异境，结使爰生。注想佛时，结使眠伏，故言不杂结使念也。

愿求生净土者，即不应言杂。良由结使未断，容可杂生。若已灭除，不得杂起。则由未断，时有现行。念佛净心，性乖结使。心正念佛，诸结不行。有间断时，无妨即起。非说灭尽，言不杂也。圣人惑尽，此界足安，不劳念佛求生彼土。

第五、《最胜妙定经》云：“有人造种种寺塔，其数无边，不如于暂时间端心静虑。”又如诸部大乘经中，说无生之理，遣人修道学慧。

疑曰：准依此教，佛赞无生，业行之中，特为尊胜。《弥陀经》等，劝往西方，厌患娑婆，愿生净土。生为患主，生尽患除。舍生求生，患因渐广。何不作无生行，以悟法身？念佛色形，生因不了。设生彼国，与此何殊？但观无生，去佛不远。心即是佛，何假别求。此业既专，幸示深趣。

通曰：行缘教起，并为利生。教说不同，良由器别。何者？泛论根器，略有二意：一者业深，二者行浅。业深之侣，可学无生。行浅之流，要生净土。

夫论作业，凡有二条：一者倒还，二者出离。

言倒还者，虽学佛法，但为名闻，不惧当来生死悬险，贪求胜解，转执人我，自是非他，不受三业。语宣无相，着相炽然。设学无生，将为伎艺。见他念佛，即横瞋嫌，致使行人，心怀退没。口宣妙药，畏不能服，反吃诸余动病毒药。是心为业，心乃浪游。心既不谛，未能看守。自云我解，勘检全无。不觉命绝，却沉生死。逡巡受苦，解脱未期。此为倒还也。

言出离者，复有二门：一者无生，二者有相。言无生者，谓守恬静，了别外缘，有无二相，善知取舍。制心任运，不住二边。口说心行，随事勘检。若违若顺，心得均平。且如炭火吞食、口餐吞食，畅悦无叹。吃火、食炭，不殊美食。诸违顺境，并得如斯，堪任娑婆，久居不退。回兹秽国，翻作净方。功力既然，即成出离也。言有相者，垢缘障重，无相难成，若在此方，诸苦弥积。守心内静，散境外牵。心逐境移，无生叵悟。心缘一佛，想念弥陀，恶业不为，求生净土。见他别业，赞善显扬。闻说他非，不生轻毁。系心一处，远想西方，三业相扶，定生彼国，亦成出离也。

幸各以根验教，契者当行。自委业深，位居不退，未劳取相，愿生西方。行浅之徒，未免流浪。无生要证，始得出缠。口诵无生，作者非一，据其证者，百无一人。欲得无生，要由胜境，所以求无生见佛，用作证缘。久住阎浮，常逢善友，虽闻正法，说者是凡，日夜恒闻，未证理故。《维摩经》云："终日说法，不能令人证灭修道，即是戏论，非求法也。"设使来生，遇善友，起今因，还为戏论。不如求生净土，且绝轮回，登入宝林，一闻正语，尘沙法忍，应念圆明。详此两缘，勿烦犹豫也。

第六、《涅槃经》云，阿难厄魔，文殊往救。《大品经》云，魔王变作佛等，人不能知。《优婆麹多经》云，魔变作佛，尊者顶礼。

疑曰：阿难果证预流，尚被魔娆，佛令文殊往救，然得本心。又魔能化佛身，为人说法，浅行菩萨皆不觉知。尊者麹多，道穷无学，见魔变作佛，不免归依。今欲想弥陀，临终见佛。此皆魔境，岂可依凭？所见若真，特为要药。如逢魔像，虚入邪决。疑情未除，定希会说。

通曰：大觉权形，神像挺拔。魔虽矫乱，其像悬殊。累劫勤修，胜因圆著，果成万德，相好超奇。岂有弊魔，辄能伦拟？何者？如来体严紫磨，相具炳然，皎若明珠，光逾万日。魔王设变，众相不成。事等劣夫，方乎贵宰。

阿难权居小圣，迹示预流。据其实行，久登初地。虑佛灭后，修行之徒，魔坏净心，无方制伏。所以示拘魔网，请佛加威。神咒既宣，则为起教。广流遐代，学者摧魔。非谓圣人，凡厄魔网也。

《大品经》云，魔变作佛，迷惑下凡，浅行菩萨不能了者。当说《大品》，未辨权起。涅槃会中，因请为说。迦叶请言："佛说波旬说，云何分别知？"佛告迦叶："譬如偷狗，夜入人室，其家婢使，若觉知已，寻即退去。行者亦尔，已入佛家，而护甘膳，不令魔杂。佛之灵状，殊异端严。魔来滥正，应善分别。眉间毫相，右绕盘旋，外实里虚，白光流散，其光映洁，净如琉璃。面貌圆明，犹如聚日。顶髻高显，其发绀青，一发一蠡，右旋宛转。睹兹胜相，并佛真形。若异此门，并为魔也。"

言优婆毱多不识魔者。尊者毱多，生居佛后，以次传法，为第五师，说法度人，其数极众。魔王垢弊，法会雨花，娆动众心，不能领悟。又当更惑，施以宝冠。圣者垂哀，愍而见受，因语魔曰："我承佛教，识义知恩。"圣者云："汝既施宝冠，我有宝璎相谢。"乃取人、蛇、狗三种死尸，变作宝璎，系魔颈下。波旬庆曰："毱多圣者，神力难名，化导群机，果集圣侣。我之魔众，展转稀疏。今既受我宝冠，又以宝璎酬我，毱多既落魔网，恶趣转增，我之军众，不复损减。"身心踊跃，辄即还宫。至四天王天，毱多遂摄神力，宝璎珠玉，还作死尸，臭烂青膖，脓血交落。波旬忧恼，控去无所，遍及诸天，欲请除弃。诸天各报言："非我力能，此是释迦如来弟子优婆毱多，为汝无知，横加娆乱，暂以此事，挫汝身心。可速归依，得免斯厄。"波旬来下，至圣者前，五体虔诚，悲哀忏谢。毱多尊者，愍而为除，谓彼魔言："我生居佛后，不见如来，汝可为我变作佛形瞻相。"魔入村林，变身似佛。毱多见已，敷座顶礼。魔乃惊惧，向毱多言："弟子凡愚，不违尊教，虽变作佛，仍处庸流。圣者和南，灭无量福。"尊者答："我近礼佛像，远敬大师。汝弊魔，非我所敬。汝今莫惧，妄畏福消。"于是魔王，深生庆悦，舍诸杂行，归佛法僧，顶礼优婆毱多足，还宫不现。岂得疑言不识魔也？

又如众多贵宰，力助一夫。凶恶之人，莫能侵娆。修业者亦复如斯，修念至诚，决定生彼。十方诸佛，咸助威灵。报尽之期，魔不能乱。弥陀化众，皆阐慈光，接引魂情，令升妙乐。勿惧魔娆，不习良因。

第七、西方净土，弥勒天宫，共相比较，以彰优劣。

疑曰：弥陀净土，去此悬遥。弥勒天宫，现居欲界。何不愿生兜率，乃趣西方，舍易求难，岂非迂滞？

通曰：比较两缘，凡有多种，略陈十异，同释众疑：一、命有长短，二、处居内外，三、境分秽净，四、身报两殊，五、种现差分，六、进退修异，七、界非界别，八、好丑形乖，九、舍生不同，十、经劝多少。

一、命有长短者。兜率寿命，只四千年。西方寿命，一百千万亿那由他阿僧祇劫。

二、处居内外者。兜率天宫，慧业若多，即生内处，亲侍弥勒。慧少福多，即生外处，不见慈尊。净土之中，一无内外。报虽优劣，俱是圣贤。

三、境分秽净者。若生兜率内院，见弥勒尊，圣会之境，能发净缘。外院香、花、楼台、音乐，皆生染想。西方树、鸟、水、网、乐音，触对六根，无非长道。

四、身报两殊者。天中正报，男女两殊，更相染着，障诸道业。西方生者，皆是丈夫，于自他身，清洁无染。

五、种现差分者。若生天上，种、现之惑俱行。但生西方，唯种永无现惑。

六、进退修异者。若生天上，多有男女，慧力轻微，多不免退。往生极乐，慧力增强，既绝欲行，唯转进修。

七、界非界别者。上生兜率，未离欲界，火灾若起，不免焚烧。如生西方，永辞三界，水、火、风等，并不能害。由彼国中有形质故，非无色界。依地居故，不染色境，故非色界。无淫及段食，故非欲界。

八、好丑形乖者。生在天中，男女不同，好丑殊异。若生净刹，紫磨金身，一类莹严，具丈夫相。

九、舍生不同者。舍命生天，无人接引。若生净国，圣众来迎。

十、经劝多少者。劝生兜率，唯有《上生经》文，不至殷勤，粗令作业。劝生净土，经论极多，大圣殷勤，专诚使往。

又问：西方净土，处胜时安。一切下流，如何并往？

答曰：彼方精微，欲往实难。佛力加持，去之甚易。

第八、《大无量寿经》云："生彼国者，住正定聚。"《弥陀经》云："极乐国土，众生生者，皆是阿鞞跋致。"

疑曰：泛论不退之位，要说万劫修功。如何念佛一生，下至临终十念，并蒙弥陀接引，生彼得不退？论功行有差别，若为符契？

通曰：不退、正定，名异义同。修行之人，凡有两种：一居秽土，二处净方。秽土修因，要资万劫。净方起行，自有多途。

今明不退，有其四种。《十住毗婆娑论》云：一、位不退，即修因万劫，意言唯识观成，不复退堕恶律仪行，流转生死。二者行不退，已得初地真唯识观，舍二乘心，于利他行得不退也。三者念不退，入八地以去，真得任运无功用智，于定散中得自在故，无念退也。四、处不退者，虽无文证，约理以成。何者？如《婆娑论》说，退根罗汉，欲界人中得果，遇五缘退具，恐失圣果，起修道惑，谓远行、多病、乐诵经典、乐和诤讼、乐营僧事。若天中得果，不逢退具，即得不退，入般无余。行者亦尔，前三不退未得人中，若在娑婆流浪生死，是其常处。由此染界，遇五退缘：一者短命多病；二者大恶缘伴，阻坏净心；三者外道杂善，乱真正行；四者六尘境界，娆动净心；五者不常见佛，竭逢圣化。若常住此，遭五退缘。但生净土，逢五胜事：一者长命无病，二者胜侣提携，三者纯正无邪，四者唯净无染，五者恒事圣尊。由此五缘，故得不退。

据其行位，未可辄齐。地胜缘强，更无退具也。譬如恶人，常行不善，遇逢胜友，哀悯提奖，绝恶交游，恒随良伴，至于一代，无起过缘也。

第九、《弥陀经》云:“不可以少善根福德因缘，得生彼国。”

疑曰：净土往生，要须大善，具行诸业，方可往生。但空念佛，如何生彼？

通曰：夫论善根多少，只约念佛以明。过去无宿善缘，今生不闻佛号。但今得闻净土，专心念佛，即是过去善因，想念西方，方能决至，此为大善根也。虽闻弥陀净土，发意愿生，进退未恒，心不决定，判为少善，不生净土也。

又疑曰：据其念佛，只念佛名，设使心专，未为大善，纵称佛号，哪得往生？

答曰：今明念佛，此辨总修。良为群机受益不等，诸佛愿行，成此果名，但能念号，具包众德，故成大善，不废往生。故《维摩经》云：“佛初三号，佛若广说，阿难经劫不能领受。”《成实论》释佛之号，前之九号，皆从别义，总前九号名义功德为佛。世尊说初三号，历劫难周。阿难领悟，莫能具悉。更加六号，以制佛名，胜德既圆，念其大善也。

第十、《弥陀经》又云，善男子、善女人，念佛生彼，声闻之众数无量无边。《净土论》云：“大乘善根界，等无讥嫌名。女人及根缺，二乘种不生。”

疑曰：如《净土论》，女人、根缺、小圣不生。《弥陀经》皆说生彼。二俱圣教，何以各殊？

通曰：勘寻《经》、《论》，各顺一缘。审而察之，并无差殊。

言女人生者。志性妙决，深厌女身，专念佛名，求生净土。娑婆报尽，转作丈夫，处妙花台，即生净国也。

言报缺者，有五种：一生、二犍、三半月、四妒、五二形。如此根缺，志性无恒。但能发心，决意勇猛，舍残缺根，感具根身，即生彼国也。

二乘者。一谓愚法，证人空理，已得小果，不达法空，故云愚法。唯求自益，不能利他，不可得生净土。二谓不愚法，虽得罗汉，不住小果，随诸菩萨，起大乘心，愿生佛前，发利他行，故生彼国也。

又《观经》云，中生之人，至彼方证小果。疑曰：《净土论》云，二乘种不生。何因生彼，然得小果？

答曰：此人先有小乘种子，遇善知识，发大乘心。即因前小习，悟四非常，发起宿因，即证小果。大乘善友，力所携奖，不住小乘，还兴大念，故非小乘也。

根虽是女，能求菩提，深信自他佛性平等，即弘大愿，誓当成佛，广度众生，念舍女身，即生净土。临当报尽，化佛来迎，成大丈夫，入莲花座，即生彼国，佛令安神。《经》约此门，故云皆往。《论》据不能若此，故说不生也。小乘之人要生大志，乘此为业，即得往生，从彼旧名，号声闻也。

疑曰：小乘之目，判作讥嫌，何因彼方必称斯号？

答曰：声闻愚法，自利过深，不能益他，谓讥嫌耳。虽存古号，即大声闻，益物既弘，乃为良称。故《法华经》云："我等今者，真是声闻。以佛道声，令一切闻。"西方亦尔，虽有小乘，并真声闻，故无讥嫌等过也。

第十一、会释三阶行者五种小疑。

第一疑曰：众生流浪，苦事悉经。推究此因，皆由起邪三毒。今者专心念佛，愿往西方，邪毒转增，岂非倒见？何者？娑婆浊界，理合常居。特生厌舍，即邪瞋矣。西方净土，圣者堪游。不揆下凡，发愿生彼，即邪贪也。所以然者，皆为无明，即邪痴障也。此之三毒，内积心田，设令念佛，感神鬼魔，如何得往净土受生？

通曰：教旨殊伦，佥悕益物，善知取舍，各随机缘。何者？若也道悟无生，理可娑婆久住。未登不退，秽土难居。若契无生，极乐与娑婆不二，未假厌兹杂界，别仰净方。位处轮回，要须生彼。秽土大士所居，理解恒游莫隔。下凡未成胜观，暂止还长苦流。所以舍染土，不长邪瞋。乐西方，邪贪不起。同时分别，慧所相应。内积三善根，外招众圣助。此方后报谢，妙刹净花迎。勿惧神鬼魔，不勤修正业。

第二疑曰：业道如秤，善恶必酬。感生以来，造恶非一，如何不受，直往西方？设欲往生，岂不为障？

通曰：夫造业者，苦乐之报定生。既同凡愚，久积罪因，非谬不委。感今人报，恶业为断不耶？若言已断，今即无恶可除。如其未灭，受生因何不障？三阶行者悯默而言：“受此生时，诸恶未断。由人业胜，恶不能遮。善报既终，苦果当受也。”更应示云：恶虽未断，人业胜故，不废招生。净业转强，焉能起碍？何者？三归五戒，有漏善因，倒想所牵，入母胎藏。此之劣行，恶所不遮，故得人身，罪已无力。无始正行，及今发心，誓尽苦原，当来作佛，精勤克念，愿生西方。报尽之期，慈悲善友，哀矜护念，使住正心。圣众现前，特生渴仰。乘兹胜因，往彼岂难？勿得怀疑，不修净业。

第三疑曰：准今修行，学普为宗。别念弥陀，乃成曲见，翻为障道，不免轮回。何不舍别行，以随修其普？

通曰：仰寻普行，为益极深。大智通贤，方能措意。力微智浅，难以辄行。大圣随机，遣修别行，称根性故，于理无伤。假别为因，修成普业。

第四疑曰：夫欲修道，先识苦因。寻苦之原，皆由恶业。起恶之境，在此娑婆。不逢众圣性相之理，造诸恶业，数量无边。一切众生，凡有二种：一者实报，二者应形。言实报者，体唯佛性，相即普亲。由迷体故，妄生贪恚。如来藏上，横起痴心。约相虽殊，普亲无别。隔生不识，妄起爱憎，恒于佛性父母，缘行杀盗淫等。三乘圣众，愍念众生，应体同凡。生盲不识，遂怀轻抑，增长恶缘。由昔不知，乃生倒想。今得启悟，对境思愆，已作恶除，当过不起，但于此方忏谢，罪尽可除。厌此欣西，岂亡怨结？

通曰：将寻至道，要绝苦原。息苦之因，无过断恶。造愆之境，实在娑婆。积此怨嫌，已成爱结。今日审察，倒想所缠。若欲具了众生，体唯佛性，相即普亲。诸佛大悲权应，随形六道，迹示同凡。作此解心，人皆共委。如论起行，实验全无。知之非难，行者难矣。只可想此法，仰叹非虚。已作之愆，特生重悔。当生过恶，誓不更为。专念佛名，及修诸行，回生净土，如救头燃。此界沉沦，吟嗟失路。且安神极乐，果证无生。自行既成，翻归五浊，大悲化物，等济群机。勿停一途，不进别径。但须运心动念，先为业对怨酬，愿舍苦因，同生妙乐，彼皆领受，遂舍怨嫌。不可缘兹，乃怀疑难。

第五疑曰：方今之际，去圣时遥。下品凡愚，正合礼忏地藏菩萨，当今有缘，理可专称，并念三宝。弥陀净土，上行人修。第二阶根，能得生念。今既时当浊恶，性欲卑微，哪得辄行上人之法？上学下法，迂会稽留。下起上修，障道受苦。法、根不会，岂得成功？

通曰：仁者所言，非无教旨，习而未久，乃发斯疑。停想为通，定开近修。何者？一引圣教，二辨义门。

言圣教者，部类既繁，备抄难究。略陈五要，以启创闻。

一者《大集贤护经》云：佛告贤护："我涅槃后，诸弟子等，传此三昧。诸恶比丘，不能信受，谤言魔说。"又告贤护："比丘行恶时，诸国相伐时，更相毁谤时，众生浊恶时，有四众弟子，能传此法，利益众生。"二者《药师经》云：文殊菩萨为像法众生请云："四众弟子，求往生西方不定者，念药师名，即断疑网。临命终时，八大菩萨，示往生路。"三者《弥陀经》云：他方诸佛，共赞释迦，能于五浊，说难信之法。六方诸佛，舒舌证诚。四者《观经》云：韦提希夫人，为五浊恶不善、五苦所逼众生，请生净土。又下辈三品，具造恶业，皆得往生也。五者《无量寿经》云：释迦如来，为五浊众生说法，令离五恶，除五痛，灭五烧。又"当来之世，经道灭尽，我以慈悲哀愍，特留此经，止住百年。尔时众生，起一念信，即生彼国。"

疑曰：所引经教，佛说不虚，未知方便之门？为当尽理之说？

通曰：大人之言，必合真趣。向援经教，皆究竟门。所以知之，不了之教，《涅槃》之会释通。净土一门，双林更无疑决。十方诸佛，舒舌印成。据斯二义，故非方便也。

上来略引圣教，以示说因。自下粗释义门，用祛疑停。

一音演唱各解，万殊无不并契。地藏弘愿，恶趣救生。弥陀大悲，十念济物。不求净土，恐落三途，念地藏名，苦中望救。今劝专心念佛，誓往西方，大命将终，诸佛来应。既生净国，永绝三途，苦事不经，无劳请救也。三阶宗要，约时机说，千五百年后，不修净业。设有修者，众行具成，即第二阶，非下凡业也。今观此意说上行人，三辈之中，独明上、中生人也。

净土之法，定散俱通。作业浅深，同生极乐。出家清众，在俗尊贤，屏虑幽居，恬神息乱，能修观业，定善往生。志绝荣华，公私事外，不贪俗务，问道勤修，能具三福散因，定生彼国。家资匮乏，事务牵缠，一行能随，亦生宝界。今生作罪，乃至阐提，大命将终，苦具来逼，忽逢善友，教念佛名，恶相既除，即生妙刹。

大乘善根，下至从生无过，上至回向终心，约作业浅深，分为上辈三品。小乘之根，初从善趣，上至世第一法，分为中辈三生。大小乘根机，约过轻重，分为下辈三位。此即行道浅深，造恶重轻，俱发菩提，愿生净土，随业多小，皆得往生。不可偏执一隅，谤疑净业。

又言今时浊恶，不合念佛愿生西方者，此非博见。《大无量寿经》云："经道灭尽，佛以慈悲哀愍，特留此经，止住百年。尔时众生闻名生信，皆生彼国。"义云：如来说教，润益有时。末法万年，余经悉灭。弥陀一教，利物偏增，大圣特留百岁。时经末法，满一万年，一切诸经，并从灭没。释迦恩重，留教百年，尔时修因，上生妙土。何为预判，不令愿生？详此经文，足除忧悔，勿怀管见，不达通经也。

第十二、依《摄大乘论》，会释别时义者。《论》云："唯由发愿，即得往生安乐者，是别时意。"

疑曰：准依《摄论》，判作别时。今教念佛，如何即往？

通曰：今依《摄论》判释别时，与净土门，一无差殊。何者？由但发愿，未可即生。依愿念佛，乃成净业。愿、行前后，故说别时，非谓念佛不即生也。

第十三、会释《法华经》云："若人散乱心，入于塔庙中，一称南无佛，皆已成佛道。"

疑曰：散心一称佛，佛果未即成。一生念佛名，如何生净国？

通曰：散称成佛道，道是因不虚。念佛生净土，报尽生非谬。

第十四、略明作业方轨。

疑曰：宗明念佛，作往生因。未知心虑，作何等解？念佛方轨，其状若为？

通曰：劫寻无际，数劫施旋。设使修因，多虚少实。但求名利，妄计我人。广作善缘，不为正理。沉沦恶趣，受苦无穷。圣主弥陀，流名摄化，果成为佛，十劫已经。我等愚痴，唯贪造恶。虽学佛法，现世求名。自是非他，恒生傲慢。追求衣食，日夜劳勤。设有余功，用随恶党。若也不逢善友，净土岂闻？一旦无常，还归恶道。今逢大善知识，共我有缘，教我思惟，舍诸恶行，得闻阿弥陀佛本愿慈悲。十劫以来，恒流正法。我由障故，今日始闻。五内悲伤，特生耻恨，瞋起贪行痴生。但修四修，以为正业。

一者，长时修。首从初发心，乃至菩提，恒作净因，终无退转。

二者，恭敬修。此复有五：一、恭敬有缘圣人，谓行住坐卧，不背西方；涕唾便利，不向西方也。二、敬有缘像教，谓造西方弥陀像变，不能广作，但作一佛二菩萨亦得。教者，《弥陀经》等，五色袋盛，自读教他。此之经像，安置室中，六时礼忏，花香供养，特生尊重。三者，敬有缘善知识，谓宣净土教者，若千由旬、十由旬以来，并须敬重，亲近供养。别学之者，总起敬心，与己不同，但知深敬也。若生轻慢，得罪无穷，故须总敬，即除行障。四、敬同缘伴，谓同修业者。自虽障重，独业不成，要借良朋，方能作行。扶危救厄，助力相资。同伴善缘，深相保重。五、敬三宝。同体、别相，并合深敬，不能具录。为浅行者，不果依修。住持三宝者，与今浅识人作大因缘，今粗料简：言佛宝者，谓雕檀绣绮，素质金容，镂玉图缯，磨石削土，此之灵像，特可尊奉。暂尔观形，罪消增福。若生少慢，长恶善亡。但想尊容，当见真佛。言法宝者，三乘教旨，法界所流。名句所诠，能生解缘，故须珍仰，以发慧基。抄写尊经，恒安净室，箱函盛贮，并合严敬。读诵之时，身手清洁。言僧宝者，圣僧菩萨，破戒之流，等心起敬，勿生慢想。

三者，无间修。谓常念佛，作往生心。于一切时，心恒想巧。譬若有人被他抄掠，身为下贱，备受艰辛，忽思父母，欲走归国。行装未办，犹在他乡，日夜思惟，苦不堪忍，无时暂舍，不念爷娘。为计既成，便归得达，亲近父母，纵任欢娱。行者亦然，往因烦恼坏乱善心，福智珍财并皆散失，久流生死，制不自由，恒与魔王而作仆使，驱驰六道，苦切身心。今遇善缘，忽闻弥陀慈父，不违弘愿，济拔群生，日夜惊忙，发心愿往。所以精勤不倦，当念佛恩，报尽为期，心恒计念。

四者，无余修。谓专求极乐，礼念弥陀。但诸余业行，不令杂起。所作之业，日别须修，念佛读经，不留余课耳。

夫以生居像季，去圣斯遥。道预三乘，无方契悟。人天两位，躁动不安。智博情弘，能堪久处。若也识痴行浅，恐溺幽途，必须远迹娑婆，栖神净域。仰愿同缘正事，敬发身心，依此一宗，定为拒割，幸勿萦心世利，牢惧非常。声追安、远之风，奚殊电影。德过肇、生之节，讵谢乾城。三空九断之文，理幽言博。十地五修之教，义奥词繁。功非一篑之能，业成数载之虑。岂刹那之分，念积尘沙。方宣九有之奇，心恒造境。境述二无之妙，识恋邪魔。将崇达妄之由，生期分促。待植会真之智，死路非运。未若屏虑持斋，息多闻广业。安神慧浦，兴少学之单修。运竭秽方，涉遥邦之上苑。灵居净国，托妙质于金台。同至道于慈颜，折疑何停。感悲音于圣德，解证无生。弘益滋繁，可略云尔。粗陈蠡酌，以简良水。起行全功，莫能俯就也。

游心安乐道

唐海东沙门释元晓撰

游心安乐，略开七门：初、述教起宗致，二、定彼土所在，三、明疑惑患难，四、显往生因缘，五、出往生品数，六、论往生难易，七、作疑复除疑。

第一、述教起宗致

然夫众生心性，融通无碍，泰若虚空，湛犹巨海。若虚空故，其体平等，无别相而可得，何有净秽之处。犹巨海故，其性润滑，能随缘而不逆，岂无动静之时。尔乃或因尘风，沦五浊而久转，沉苦浪而长流。或承善力，截四流而不还，至彼岸而永寂。若斯动寂，皆是大梦。以觉言之，无此无彼。秽土、净国，本来一心。生死、涅槃，终无二际。然归原大觉，积功乃致。随流长梦，不可顿开。所以圣人垂迹，有远有近。所设言教，或衰或兴。至如牟尼世尊，现此娑婆，诫五恶而劝善。弥陀如来，居彼安养，引九辈而导生。斯等权迹，不可具陈矣。

今此所明极乐国者，盖是感愿行之奥深，现果德之长远。

十八圆净，越三界而超绝。五根相好，侔六天而不嗣。珍香法味，遂养身心，谁有朝饥夜渴之苦。玉林芳风，温凉常适，本无冬寒夏热之烦。群仙共会，时浴八德莲池，由是长别偏可厌之皓皱[①]。胜侣相从，数游十方佛土，于兹远送以难慰之忧劳。况复闻法响音入无相，见佛光明悟无生。悟无生故，无所不生。入无形故，无所不形。极净极乐，非心意之所度。无际无限，岂言说之能尽！

如是净土，十方诸佛之所叹劝，三乘圣众之所游居。然审察如来叹劝意者，为欲摄护中、下根故。娑婆世界，杂恶之处，于缘多退。安养宝刹，纯善之地，唯进无退。故《起信论》云："复次众生初学是法，欲求正信，其心怯弱，以住于此娑婆世界，自畏不能常值诸佛，亲承供养，惧谓信心难可成就，意欲退者。当知如来有胜方便，摄护信心。谓以专念佛因缘故，随愿得生他方佛土，常见于佛，永离恶道。如修多罗说，若人专念西方极乐世界阿弥陀佛，所修善根，回向愿求生彼世界，即得往生，常见佛故，终无有退。若观彼佛真如法身，常勤修习，毕竟得生正定聚故。"

一切凡夫虽念佛，未至十解，体是退位。若在秽土，逢四退缘，即便退转。若生西方，有四缘故，终不退还。言四缘

① "皓皱"，大正藏本作"时皱"，金陵本作"时劫"，今从卍续藏本。

者：一由长命无病，故不退；秽土由短命多病，故退。二由诸佛菩萨为善知识，故不退，如经言“得与如是诸上善人会一处”故；秽土由多恶知识，故退也。三由无有女人，六根境界并是进道缘，故不退，如经曰“眼见色，即发菩提心”等；秽土由有女人，故退。四由唯有善心，故不退，经云“无毛端许造恶之地”；秽土由有恶心、无记心，故退也。又彼二经皆说，其往生者皆得不退，不言但不退人乃得往生也。犹如此间具三受人，若生彼土，则无苦、舍，唯有乐受也。

总而言之，初地以上，悲愿自在，无所不生，更何须劝？十解以去，种姓决定，复无悲退，亦非正为。十信以前，及诸凡夫，发心未固，升降随缘，厌秽欣净，故佛劝摄。西方长寿，一生修行登地。娑婆短命，多劫劬劳犹退。故《华严》曰：“如此娑婆世界一劫，于西方安乐世界为一日一夜。如是乃至百万阿僧祇世界，最后世界一劫，于胜莲花世界贤首如来刹为一日一夜。”

教起意致，略述如此。

第二、定彼土所在

佛土圆融，本无东西。扣机多端，方现此彼。由是试论彼界所在，一乘、三乘，分齐不同。

若依一乘，极乐净土是属华藏世界海摄。何以故？以是十佛之土，圆融不可说故，普贤因分所见无分齐故。

若依三乘，西方净土通成四土：一、法性土，二、实报土，三、受用土，四、变化土。于中法性、实报，一味平等，周遍法界，非余所测。受用、变化，酬愿垂[①]感，随机所欲，指方可得。故《小无量寿经》曰："从是西方，过十万亿佛土，有世界名曰极乐。"

今将彼界净与不净，略以四对，显其阶降，谓因与果相对故，一向与不一向相对故，纯与杂相对故，正定与非正定相对故。

所言因与果相对者。谓金刚以还，菩萨所住，名果报土，不名净土，未离苦谛之果患故。唯佛所居，乃名净土，一切染患无余灭故。依此义故，《仁王经》言："三贤十圣住果报，唯佛一人居净土。一切众生暂住报，登金刚原居净土。"

第二、一向与不一向相对者。谓八地以上菩萨住处，得名净土，以一向出三界事故，亦具四句"一向"义故。七地以还一切住处，未名净土，以非一向出三界故。或乘愿力出三界者，"一向"四句不具足故，谓一向乐、一向净、一向无灾、一向自在。七地以还，出观之时，或时生起报无记心，末那四惑时现行故，非一向净，非一向无灾。八地以上，即不如是。

① "垂"，大正藏本作"乘"。

依此义故，《摄大乘论》云："出出世善法功能所生。"释曰："二乘善，名出世。从八地以上，乃至佛地，名出出世。出世法，为世法对治。出出世法，为出世法对治。功能以四缘为相，从出出世善法功能，生起此净土故，不以集谛为因。"乃至广说故。

第三、纯与杂相对门者。凡夫、二乘杂居之处，不得名为清净世界。唯入大地菩萨生处，乃得名为清净世界。彼非纯净，此纯净故。依此义故，《瑜伽论》云："世界无量，有其二种，谓净、不净。清净世界中，无那落迦、傍生、饿鬼，亦非欲界，色、无色界。纯菩萨众，于中止住，是故说名清净世界。已入第三地菩萨，由愿力故，于彼受生。无有异生，及非异生声闻、独觉。若异生[①]菩萨，得生于彼。"解言：此第三地是欢喜地，以就七种门地，第三净胜意乐地故。摄十三住，立七种地。具如彼论之所说故。

第四、正定与非正定相对门者。三聚众生共生之地，是为秽土。唯正定聚所居之处，名为净土，于中亦有四果声闻，乃至复有四疑凡夫，唯无邪定及不定聚耳。

言正定等者，总说众生界略有三聚。如《无量寿经》曰："其有众生生彼国者，皆悉住于正定之聚。所以者何？彼佛国

① "异生"，大正藏本作"非异生"。

中，无诸邪聚，及不定聚。”如是三种，其相云何？若总说者，一阐提人，为邪定聚；二乘顶位以上、菩萨初发心住以上，判为正定；若已趣入，未至其位，为不定聚。

决定不退，无断善根，如是名为正定聚义。依《瑜伽论》，正定二：一、本性正定，二、习成正定。五种性中，菩萨性人，不作五逆及断善根，是名本生正定聚也。其二乘性，及不定性，得作五逆，及断善根。断善根时，名邪定聚。即是彼人，续善根后，未趣入时，为不定聚。已趣入时，则有三品：本来上根而趣入者，即作正定；中根至暖，下根至顶，各作正定；余属不定。若是不定种性之人，直向大乘而趣入者，修行信心，经一万劫，信心成就，方为正定。如《起信论》即明此义，是约习成正定聚说。若其本来菩萨种性，直向大乘而趣入者，始趣入时，永得不退，不由业力堕于恶趣。依此而言，入十信位，便得不退，不同前说不定性人。如是等说，皆就秽土。若就得生彼净土者，定性二乘，则不往生。从无余后，或可往生。不定性中，三品之人，皆发心者，皆得生彼。生彼之时，即入正定，由外缘力所住持故。三聚分别，略义如是。

今此经说无量寿国，就第四门，说为净土。所以然者，为欲普容大小，兼引凡圣，并生胜处，同趣大道故。如下文云：“设我得佛，国中人民，不住定聚，必至灭度者，不取正觉。”又言：“设我得佛，国中声闻，有能计量知其数者，不取正觉。”乃至广说故。

《论》说曰“女人及根缺，二乘种不生”者，是说决定种性二乘，未入无余，未发大心。非谓不定根性声闻，及趣寂性，出无余后。为简此故，言“二乘种”。由是道理，不相违也。又言“女人及根缺”者，谓生彼时非女、非根缺耳，非此女等不得往生，如韦提希而得生故。然《鼓音声王陀罗尼经》曰：“阿弥陀佛，父名月上转轮圣王，母名曰殊胜妙眼”等，乃至广说者。或曰是说化佛，所居化土。《论》所说者，是受用土。或言是法门父母，如《维摩》说。由是道理，故不相违。

上来四门所说净土，皆是如来愿行所成，非生彼者自力所办。不如秽土外器世界，唯由众生共业所成。是故通名清净土也。

第三、明疑惑患难

于中初明所疑境，次明对治疑惑相，后明生彼化、胎优劣。

言明所疑之境者。如下文曰：“若有众生，以疑惑心，修诸功德，愿生彼国。不了佛智、不思议智、不可称智、大乘广智、无等无伦最上胜智，于此诸智，疑惑不信。然犹信罪福，修习善本，愿生彼国。此诸众生，生彼宫殿，五百岁中，不闻三宝，故说边地。”乃至广说。此言佛智，是总标句。下之四句，各显四智。

不思议智者，是成所作智。此智能作不思议事，谓如不过丈六之身，而无能见顶者；不增毛孔之量，而遍十方世界；一念称名，永灭多劫重罪；十念念德，能生界外胜报。如是等事，非其所测，是故名为不思议智。

不可称智者，是妙观察智。此智观察不可称境，谓一切法如幻如梦，非有非无，离言绝虑，非逐言者所能称量，是故名为不可称智。

大乘广智者，是平等性智。此智广度，不同小乘。谓由无我，故无不我。无不我，故无不等摄。以此同体智力，普载无边有情，皆令同至无上菩提，是故名为大乘广智。

无等无伦最上胜智者，正是如来大圆镜智。始转本识，方归心原，一切种境，无不圆照，是故名为大圆镜智。此一智中，有五殊胜。如解脱身，二乘同得。如是镜智，正是法身，非彼所共，故名无等，是一胜也。如前三智，菩萨渐得。大圆镜智，唯佛顿证，更无余类，故名无伦，是二胜也。过于不思议智，为最。逾于不可称智，为上。宽于大乘广智，为胜。是为第三、四、五胜也。是故名为无等无伦最上胜智。

是显四疑所迷境也。

次明对治疑惑相者。谓如有一性非质直、邪聪我慢、薄道心人，不了四智，而起四疑：

一者，疑成所作智所作之事。谓闻经说："十念念佛，得生彼国。"由不了故，生疑而言："如佛经说：善恶业道，罪福无朽。重者先牵，理数无差。如何一生无恶不造，但以十念，能灭诸罪，便得生彼，入正定聚，永离三途，毕竟不退耶？又无始来，起诸烦恼，系属三界，而相缠缚。如何不断二轮烦恼，直以十念，出三界外耶？”为治如是邪思惟疑，是故说名不思议智，欲显佛智有大势力，故能以近为远，以远为近，以重为轻，以轻为重，虽实有是事，而非思量境，所以直应仰信经说，不得以自浅识思惟。若欲生信，应以事况。譬如千年积薪，其高百里，豆许火烧，一日都尽。可言千年之积薪，如何一日尽耶？又如躄者，自力勤行，要经多日，至一由旬。若寄他船，亦因风势，一日之间，能到千里。可言躄者云何一日至千里耶？世间船师之力，尚作如是绝虑之事。何况如来法王之势，而不能作不思议事耶？是为对治第一疑也。

第二疑者，谓疑妙观察智所观之境。如闻经中赞佛智云：“观察诸法，非有非无。远离二边，不着中道。”由不了故，生疑而言：“如今现见称量，物重则低，物轻必举。若言轻而不举，重而不低，如是说者，有言无义。因缘生法，当知亦尔。若实非无，便堕于有。如其非有，则当于无。若言非无而不得有，非有而不堕无，则同重而不低，轻而不举，故知是说，有言无实。”如是称量，则堕诸边。或执依他实有，堕增益边。或执缘生空无，堕损减边。或计俗有、真空，双负二边，堕相违论。或计非有非无，着一中边，堕愚痴论，如《释论》云“非有非无，是愚痴论”故。为治此等邪称量执，是故安立不可称智，欲显诸法甚深，离言绝虑，不可寻思称量，如言取义。如《瑜伽论》说："云何甚深难见之法？谓一切法。何以故？第一甚深难见法者，所谓诸法自性，绝诸戏论，过言说道。然由言说为依止故，方乃可取可观可觉。是故诸法甚深难见。"是为对治第二疑也。

第三疑者，谓疑平等性智等济之意。如闻经说："一切众生，悉皆有心。凡有心者，当得菩提。"由不了故，生疑而言："若言众生皆有佛性，悉度一切有情，令得无上菩提者。是则诸众生虽多，必有终尽。其最后佛，无利他德，所化无故；毕不成佛，功德缺故。无化有功，不应道理。缺功成佛，亦无是处。"作是邪计，诽谤大乘，不信平等广度之意。为治如是狭小疑执，是故安立大乘广智。欲明佛智，无所运载，运载一切，皆入无余，故曰大乘。其所运载，无限无际，故名广智。所以然者，虚空无边故，众生无数量。三世无际故，生死无始终。众生既无始终，诸佛亦无始终。若既诸佛有始成者，其前无佛，即无圣教。无圣教故，无闻熏习。闻熏习无，而成佛者，则无因有果，但有言无实。由是道理，诸佛无始。虽实无始，而无一佛本不作凡。虽皆本作凡，而展转无始。以是准知众生无终，虽实无终，而无一人后不作佛。虽悉后作佛，而展转无终。是故应信平等性智，无所不度，而非有限，是以安立大乘广智。是为对治第三疑也。

第四疑者，谓疑大圆镜智遍照一切境义。云何生疑？谓作是言："虚空无边故，世界亦无边。世界无边故，众生亦无边。众生无边故，心行差别，根欲性等，皆无边际，云何于此能得尽知？为当渐渐修习而知？为当不修，忽然顿照？若不修习而顿照者，一切凡夫皆应等照，等不修故，无异因故。若便渐修，终得尽知者，即一切境，非无边际，无边有尽，不应理故。如是进退，皆不成立。何得普照，名一切种智？”为治如是两关疑难，故立无等无伦最上胜智。欲明如是大圆镜智，超过三智，而无等类。二谛之外，独在无二。两关之表，超然无关。只应仰信，不可比量，故名最上胜智。云何于此起仰信者？譬如世界无边，不出虚空之外。如是万境无限，咸入一心之内。佛智离相，归一心原。智与一心，浑同无二。以始觉者，即同本觉，故无万境出于智外。由是道理，无境不尽，而非有限。以无边智，照无边境故。如《起信论》云：“一切境界，本来一心，离于想念。以众生妄见境界，故心有分齐。以妄起想念，不称法性，故不能决了。诸佛如来，离于见相，无所不遍。心真实故，即是诸法之性，自体显照一切妄法。有大智用，无量方便，随诸众生所应得解，悉能开示一切法义。是故得名一切种智。”是为无等无伦最上胜智，无所见故，无所不见。如是对治第四疑也。

若不得意，如言取义，有边无边，皆不离过。且依非有边门，假说无边义耳。若人不决如是四疑，虽生彼国，而在边地。如其有人，虽未明解如前所说四智之境界，而能自谦，心眼未开，仰推如来，一向伏信。如是等人，随其行品，往生彼土，不在边地。生彼边地者，别是一类，非九品摄。是故不应妄生疑惑。

后明生彼化、胎优劣者。如《无量寿经》说：尔时佛告阿难及慈氏菩萨："汝见彼国从地以上，至净居天，其中所有微妙严净自然之物，为悉见否？"阿难对曰："唯然，已见。""汝宁复闻无量寿佛大音宣布一切世界，化众生否？"阿难对曰："唯然，已闻。""彼国人民，乘百千由旬七宝宫殿，无所障碍，遍至十方供养诸佛，汝复见否？"对曰："已见。""彼国人民有胎生者，汝复见否？"对曰："已见。其胎生者，所处宫殿，或百由旬，或五百由旬，各于其中受诸快乐，如忉利天上，亦皆自然。"

尔时慈氏菩萨白言："世尊，何因何缘，彼国人民胎生、化生？"佛告慈氏："若有众生，以疑惑心，修诸功德，愿生彼国。不了佛智、不思议智、不可称智、大乘广智、无等无伦最上胜智，于此诸智，疑惑不信。然犹信罪福，修习善本，愿生其国。此诸众生，生彼宫殿，寿五百岁，常不见佛，不闻经法，不见菩萨、声闻圣众。是故于彼国土，谓之胎生。若有众生，明信佛智，乃至胜智，作诸功德，信心回向。此诸众生，于七宝花中，自然化生，跏趺而坐。须臾之顷，身相光明，智慧功德，如诸菩萨，具足成就。复次慈氏，他方佛国诸大菩萨，发心欲见无量寿佛，恭敬供养，及诸菩萨、声闻之众。彼菩萨等，命终得生无量寿国，于七宝花中，自然化生。弥勒当知，彼化生者，智慧胜故。其胎生者，皆无智慧，于五百岁中，常不见佛，不闻经法，不见菩萨、诸声闻众，无由供养于佛，不知菩萨法式，不得修习功德。当知此人，宿世之时，无有智慧，疑惑所致。”

佛语弥勒：“譬如转轮圣王，有七宝牢狱，种种庄严，张设床帐，悬诸缯幡。若有诸小王子，得罪于王，辄内彼宫中，系以金锁。供养饮食、衣服、床褥、花香、妓乐，如转轮王，无所乏少。于意云何，此诸王子，宁乐彼处否？”对曰：“不也。但种种方便，求诸大力，欲自免出。”佛告弥勒：“此诸众生，亦复如是。以疑惑佛智故，生彼七宝胎生宫殿。无有刑罚，乃至一念恶事。但于五百岁中，不见三宝，不得供养，修诸善本，以此为苦。虽有余乐，犹不乐彼处。若此众生，识其本罪，深自悔责，求离彼处，即得如意，往诣无量寿佛所，恭敬供养，亦得遍至无量无数诸余佛所，修诸功德。弥勒当知，其有菩萨，生疑惑者，为失大利，是故应当明信诸佛无上智慧。”

如来真言，无合致怪。后悔难追，可不慎哉！

第四、显往生因缘

凡诸所说往生之因，非直能感正报庄严，亦得感其依报净土，但承如来本愿力故，随感受用，非自业因力之所成办，是故说名为往生因。此因之相，经、论不同。若依《观经》，说十六观。《往生论》中，说五门行。今依此《无量寿经》，说三辈因。

上辈之中，说有五句：一者“舍家弃欲，而作沙门”，此显发起正因方便。二者“发菩提心”，是明正因。三者“专念彼佛”，是明修观。四者“作诸功德”，是明起行。此观及行，即为助业。五者“愿生彼国”，此一是愿，前四是行，行愿和合，乃得生故。

中辈之中，说有四句：一者“虽不能作沙门，当发无上菩提心”故，是明正因。二者“专念彼佛”，三者“多少修善”，此观及行，为助满业。四者“愿生彼国”，前行、此愿，和合为因也。

下辈之内说二种人，二人之中，各有三句。初人三者：一者“假使不能作诸功德，当发无上菩提之心”，是明正因。二者“乃至十念，专念彼佛”，是为助业。三者“愿生彼国”，此愿、前行，和合为因。是明不定种性人也。第二人中有三句者：一者“闻甚深法，欢喜信乐”，此句兼显发心正因，但为异前人，举深信耳。二者“乃至一念念于彼佛”，是为助因。前人无深信，故必须十念。此人有深信，故未必具足十念。三者“以至诚心，愿生彼国”，此愿、前行，和合为因。此就菩萨种性人也。经说如是。

今此文略辨其相，于中有二：先明正因，后明助缘。

所言正因，谓发无上菩提心也。即不愿世间富乐，及与二乘菩提。菩萨一向志愿三身菩提，名无上菩提之心。总标虽然，于中有二，一者随事发心，二者顺理发心。

言随事者。烦恼无数，愿悉断之。善法无量，愿悉修之。众生无边，愿悉度之。于此三事，决定期愿。初是如来断德正因，次是如来智德正因，第三心者恩德正因。三德合为无上菩提。即是三心，总为无上菩提之因。因果虽异，广长量齐，等无所遗，无不苞故。如经言："发心毕竟二不别，如是二心前心难。自未得度先度他，是故我礼初发心。"此心果报虽是菩提，而其花报在于净土。所以然者，菩提心量广大无边，长远无限，故能感得广大无际依报净土，长远无量正报寿命。除菩提心，无能当彼，故说此心为彼正因。是明随事发心相也。

所言顺理发心者。信解诸法，皆如幻梦，非有非无，离言绝虑。依此信解，发广大心。虽不见有烦恼、善法，而不拨无可断可修。是故虽愿悉断悉修，而不违于无愿三昧，虽愿皆度无量有情，而不存有能度所度，故能随顺于空、无相。如经云："如是灭度无量众生，实无众生得灭度者。"乃至广说故。如是发心，不可思议。是明顺理发心相也。

随事发心，有可退义，不定性人亦得能发。顺理发心，即无退转，菩萨性人乃得能发。如是发心，功德无边。设使诸佛穷劫演说彼诸功德，犹不能尽。正因之相，略说如是。

次明助因。助因多种，经、论往往，不须委述，一一准知。今且明其下辈十念。

此经中，下辈十念，一言之内，含有二义，谓显了义，及隐密义。

隐密义者，此望第三对纯净土果，以说下辈十念功德。此如《弥勒所问经》言：尔时弥勒菩萨白佛言："如佛所说阿弥陀佛功德利益，若能十念相续不断，念彼佛者，即得往生。当云何念？"佛言："非凡夫念，非不善念，非杂结使念。具足如是念，即得往生安乐国土。有凡十念，何等为十？一者，于一切众生常生慈心，于一切众生不毁其行，若毁其行，终不往生。二者，于一切众生深起悲心，除残害意。三者，发护法心，不惜身命，于一切法不生诽谤。四者，于忍辱中，生决定心。五者，深心清净，不贪利养。六者，发一切种智心，日日常念，无有废忘。七者，于一切众生起尊重心，除我慢意，谦下言说。八者，于世谈语，不生味着心。九者，近于觉意，深起种种善根因缘，远离愦扰散乱之心。十者，正念观佛，除去诸想。"释曰：如是十念，既非凡夫。当知初地以上菩萨，乃能具足如是十念，于纯净土，为下辈因。是为隐密义之十念。

言显了义十念相者，望第四对净土而说。如《观经》言："下品下生者，或有众生，作不善业，五逆十恶，具诸不善。临命终时，遇善知识，为说妙法，教令念佛。若不能念者，应称无量寿佛，故于念念中，除八十亿劫生死之罪，命终之后，即得往生。"乃至广说。以何等心，名为至心？云何名为十念相续者？什公说言："譬如有人，于旷野中，值遇恶贼，挥戈拔剑，直来断杀。其人勤走，视渡一河，尔时但念渡河方便：既至河岸，为着衣渡？为脱衣渡？若着衣纳，恐不得过。若脱衣纳，恐不得暇。但有此念，更无他意。当念渡河，即是一念。此等十念，不杂余念。行者亦尔，若念佛名，若念佛相等，无间念佛，乃至十念。如是至心，名为十念。”此是显了义十念相也。

今此两卷，虽说十念，具此隐密、显了二义。然于其中，显了十念，与《观经》意，少有不同。彼《观经》中，不除五逆，唯除诽谤方等之罪。此两卷经，除其五逆、诽谤正法。如是相违，云何通者？彼经说其虽作五逆，依大乘教得忏悔者。此经中说不忏悔者。由是义故，不相违也。

或有说言：《弥勒所问经》十念者，非纯净土说，亦同《观经》，望第四对净土而说。所以然者，所说十念，虽言非凡夫念，而是十信、三贤菩萨之所修习慈悲心等，以为十念。故《大宝积经·发胜志乐会》说：尔时弥勒菩萨白佛言：“世尊，如佛所说阿弥陀佛极乐世界功德利益，若有众生发十种心，随一一心，专念向阿弥陀佛，是人命终，当得往生彼佛世界。世尊，何等名为发十种心，由是心故，当得往生彼佛世界？”佛告弥勒菩萨言：“弥勒，如是十心，非诸凡、愚、不善丈夫具烦恼者之所能发。何等为十？一者，于诸众生起于大慈，无损害心。二者，于诸众生起于大悲，无逼恼心。三者，于佛正法不惜身命，乐守护心。四者，于一切法发生胜忍，无执着心。五者，不贪利养、恭敬、尊重，净意乐心。六者，求佛种智，于一切时无忘失心。七者，于诸众生尊重恭敬，无下劣心。八者，不着世论，于菩提分生决定心。九者，种诸善根，无有杂染，清净之心。十者，于诸如来，舍离诸相，起随念心。弥勒，是名菩萨发十种心。由是心故，当得往生阿弥陀佛极乐世界。弥勒，若人于此十种心中，随成一心，乐欲往生彼佛世界，若不得生，无有是处。”

解云：即此经者，与《弥勒所问》同本异译。所言“非诸凡、愚、不善丈夫具烦恼者之所能发”者，“凡”谓无性一阐提者，“愚”谓趣寂二乘种性，诽谤正法、造五逆等，名“不善士具烦恼者”。除此，余人随成一心，得生彼国，必有是处。是故应知弥勒所说十念，“非凡夫念”等者，非但地上所修十念。若不尔者，地前菩萨何无慈悲，岂不往耶？

若《观经》中，修十六观，当生彼国，广如彼说。九品之行，次门当述。

若《往生论》，明五因行。如彼论云：“若善男子、善女人，修五念门行成就，毕竟得生安乐国土，见彼阿弥陀佛。何等五念门？一者礼拜门，二者赞叹门，三者作愿门，四者观察门，五者回向门。云何礼拜？身业礼拜阿弥陀如来、应、正遍知，为生彼国意故。云何赞叹？口业赞叹，称彼如来名，如彼如来光明智相，如彼名义，欲如实修行相应故。云何作愿？心常愿，一心专念，毕竟往生安乐国土，欲如实修行奢摩他故。

云何观察？智慧观察，正念观彼，欲如实修行毗婆舍那故。一观佛国功德，二观佛功德，三观菩萨庄严功德。云何回向？不舍一切苦恼众生，心常作愿，回向为首，得成就大悲心故。”广说如彼。

往生因缘，略说如是。

第五、出往生品数

《观无量寿经》说往生彼土，不过九品。故彼经言：“唯愿世尊为我广说无忧恼处，我当往生，不乐阎浮提浊恶世也。此浊恶处，地狱、饿鬼、畜生盈满，多不善聚。愿我未来，不闻恶声，不见恶人。今向世尊，五体投地，求哀忏悔。唯愿佛日，教我观于清净业处。”尔时世尊放眉间光，其光金色，遍照十方无量世界，还住佛顶，化为金台，如须弥山。十方诸佛净妙国土，皆于中现。或有国土，七宝合成。复有国土，纯是莲花。复有国土，如自在天宫。复有国土，如颇梨镜。十方国土，皆于中现。有如是等无量诸佛国土，严显可观，令韦提希见。时韦提希白佛言：“世尊，是诸佛土虽复清净，皆有光明，我今乐生极乐世界阿弥陀佛所。唯愿世尊，教我思惟，教我正受。”佛告韦提希：“汝今知否？阿弥陀佛，去此不远。汝当系念，谛观彼国净业成者。我今为汝广说众譬，亦令未来世一切凡夫，欲修净业者，得生西方极乐国土。欲生彼国者，当修三福：一者不杀生，修十善业；二者受持三归，具足众戒，不犯威仪；三者发菩提心，深信因果，读诵大乘，劝进行者。如是三事，名为净业。”佛告韦提希：“汝今知否？此三种业，过去、未来、现在三世诸佛净业正因。”

佛告阿难及韦提希：“上品上生者，若有众生，愿生彼国者，发三种心，即便往生。何等为三？一者至诚心，二者深心，三者回向发愿心。具三心者，必生彼国。复有三种众生，当得往生。何等为三？一者慈心不杀，具诸戒行；二者读诵大乘方等经典；三者修行六念，回向发愿，愿生彼国。具此功德，一日乃至七日，即得往生。生彼国时，此人精进勇猛故，阿弥陀如来，与观世音、大势至、无数化佛、百千比丘、声闻大众、无量诸天、七宝宫殿，观世音菩萨执金刚台，与大势至菩萨，至行者前。阿弥陀佛放大光明，照行者身，与诸菩萨授手迎接。观世音、大势至与无数菩萨，赞叹行者，劝进其心。行者见已，欢喜踊跃，自见其身，乘金刚台，随从佛后，如弹指顷，往生彼国。生彼国已，见佛色身，众相具足。见诸菩萨，色相具足。光明、宝林，演说妙法，闻已即悟无上法忍。经须臾间，历事诸佛，遍十方界，于诸佛前，次第授记，还到本国，得无量百千陀罗尼门。是名上品上生者。

“上品中生者，不必受持读诵方等经典，善解义趣，于第一义，心不惊动。深信因果，不谤大乘。以此功德，回向愿求生极乐国。行此行者，命欲终时，阿弥陀佛与观世音、大势至、无量大众眷属围绕，持紫金台，至行者前，赞言：‘法子，汝行大乘，解第一义，是故我今来迎接汝。’与千化佛，一时授手。行者自见坐紫金台，合掌叉手，赞叹诸佛，如一念顷，即生彼国七宝池中。此紫金台，如大宝花，经宿则开。行者身作紫磨金色，足下亦有七宝莲花。佛及菩萨俱时放光明，照行者身，目即开明。因前宿习，普闻众声，纯说甚深第一义谛。即下金台，礼佛合掌，赞叹世尊。经于七日，应时即于无上菩提得不退转，应时即能飞至十方，历事诸佛。于诸佛所，修诸三昧。经一小劫，得无生忍，现前授记。是名上品中生者。

“上品下生者，亦信因果，不谤大乘，但发无上道心。以此功德，回向愿求生极乐国。行者命欲终时，阿弥陀佛及观世音、大势至，与诸眷属，持金莲花，化作五百佛，来迎此人。五百化佛，一时授手，赞言：‘法子，汝今清净，发无上道心，我来迎汝。’见此事时，即自见身，坐金莲花，坐已花合，随世尊后，即得往生七宝池中。一日一夜，莲花乃开。七日之中，乃得见佛。虽见佛身，于众相好，心不明了。于三七日后，乃了了见。闻众乐音声，皆演妙法。游历十方，供养诸佛，于诸佛前，闻甚深法。经三小劫，得百法明门，住欢喜地。是名上品下生者。是名上辈生相，名第十四观。

“中品上生者，若有众生，受持五戒，持八戒斋，修行诸戒，不造五逆，无众过患。以此善根，回向愿求生于西方极乐世界。临命终时，阿弥陀佛与诸比丘眷属围绕，放金色光，至其人所，演说苦、空、无常、无我，赞叹出家，得离众苦。行者见已，心大欢喜，自见己身，坐莲花台，长跪合掌，为佛作礼，未举头顷，即得往生极乐世界，莲花寻开。当花敷时，闻众音声，赞叹四谛，应时即得阿罗汉道，三明六通，具八解脱。是名中品上生者。

“中品中生者，若有众生，若一日一夜受持八戒斋，若一日一夜持沙弥戒，若一日一夜持具足戒，威仪无缺。以此功德，回向愿求生极乐国。戒香熏修，如此行者，临命终时，见阿弥陀佛，与诸眷属，放金色光，持七宝莲花，至行者前。行者自闻空中有声赞言：‘善男女子，如汝善人，随顺三世诸佛教法，我来迎汝。’行者自见坐莲花上，莲花即合，生于西方极乐世界。在宝地中，经于七日，莲花乃敷。花即敷已，开目合掌，赞叹世尊，闻法欢喜，得须陀洹。经半劫已，成阿罗汉。是名中品中生者。

“中品下生者，若有善男子、善女人，孝养父母，行世仁慈。此人命欲终时，遇善知识，为其广说阿弥陀佛国土乐事，亦说法藏比丘四十八大愿。闻此事已，寻即命终，譬如壮士屈伸臂顷，即生西方极乐世界。生经七日，遇观世音及大势至，闻法欢喜。过一小劫，成阿罗汉。是名中品下生者。

“下品上生者，或有众生，作众恶业，虽不诽谤方等经典，如此愚人，多造众恶，无有惭愧。命欲终时，遇善知识，为赞大乘十二部经首题名字。以闻如是诸经名故，除却千劫极重恶业。智者复教合掌叉手，称南无阿弥陀佛。称佛名故，除五十亿劫生死之罪。尔时彼佛，即遣化佛、化观世音、化大势至，至行者前，赞言：‘善男子，汝称佛名故，诸罪消灭，我来迎汝。’作是语已，行者即见化佛光明，遍满其室，见已欢喜，即便命终。乘宝莲花，随化佛后，生宝池中。经七七日，莲花乃敷。当花敷时，大悲观世音菩萨，及大势至菩萨，放大光明，住其人前，为说甚深十二部经。闻已信解，发无上道心。经十小劫，具百法明门，得入初地。是名下品上生者。得闻佛名、法名及闻僧名，闻三宝名，即得往生。

“下品中生者，或有众生，毁犯五戒、八戒，及具足戒。如是愚人，偷僧祇物，盗现前僧物，不净说法，无有惭愧，以诸恶业而自庄严。如此罪人，以恶业故，应堕地狱。命欲终时，地狱众火，一时俱至。遇善知识，以大慈为说阿弥陀佛十力威德，广说彼佛光明神力，亦赞戒、定、慧、解脱、解脱知见。此人闻已，除八十亿劫生死之罪。地狱猛火，化为清凉风，吹诸天花。花上皆有化佛菩萨，迎接此人，如一念顷，即得往生七宝池中莲花之内。经于六劫，莲花乃敷。观世音、大势至，以梵音声，安慰彼人，为说大乘甚深经典，闻此法已，应时即发无上道心。是名下品中生者。

“下品下生者，或有众生，作不善业，五逆十恶，具诸不善。如此愚人，以恶业故，应堕恶道，经历多劫，受苦无穷。如此愚人，临命终时，遇善知识，种种安慰，为说妙法，教令念佛。彼人苦逼，不遑念佛。善友告言：'汝若不能念者，应称无量寿佛。'如是至心，令声不绝，具足十念，称南无阿弥陀佛。称佛名故，于念念中，除八十亿劫生死之罪。命终之后，见金莲花，犹如日轮，住其人前。如一念顷，即得往生极乐世界。于莲花中，满十二大劫，莲花方开。观世音、大势至，以大悲音声，为其广说诸法实相，除灭罪法，闻已欢喜，应时即发菩提之心。"

解云：总分九品，略有二家：一释此之九品，并是十信菩萨，约进约退，造善造恶，升降不同，分成九品。初三品人，是十信位。从本不退，直趣入者，行有浅深，成上三品。中三品人，退大乘心，发小乘意；退大乘行，修小乘业。行有浅深，成中三品。下三品人，退大乘心，趣生死流；退大乘行，造生死罪。罪有重轻，成下三品。二释言发大菩提心，修行菩萨行，行有浅深，成上三品。发小菩提心，修行声闻行，行有浅深，成中三品。不发大小二乘心，不修大小二乘行，唯起生死心，唯造生死罪，造罪重轻，成下三品。此即粗分九品也。

若细别论：上品上生者，发三种心，则《起信论》曰信成就发心位，在十信终心也。生彼便得无生法忍者，是谓缘观无生忍，以《本业经》说无生忍在解位故。上品中生者，位在十信初。此间一劫，是彼一日，故经一小劫，得无生忍者，谓证理无生忍，则当初地也。上品下生者，是十信以前，信归三宝、受菩萨戒以去是也。以亦信因果，不谤大乘，但发无上道心故，七日之中，唯见佛身，而心不了。三七日后，了了见闻者，谓此人未得依业识门而见如来故。三七日后，方入十解，见佛唯从心起故。经三小劫，住欢喜地者，谓彼小劫，当此僧祇，所以中品经一小劫，下品经三小劫。同入初地者，以胜解行地诸菩萨者，根有利钝，行亦勤怠故，唯长短异，而功行等。下余品中，准之可知。

中三品内，上者，是暖、顶、忍、决择分位也。中品者，前三方便解脱分也。下品者，五停以前趣善凡夫。此三品人，并是现般。但以生便、半劫，分为三品耳。

下三品者，总是一切趣恶凡夫，造众恶逆，轻重不同。遇缘闻法灭罪，有成三品，更无位别。

若依《无量寿经》，总说三品。如彼经说：佛告阿难："其有众生生彼国者，皆悉住于正定之聚。所以者何？彼佛国中，无诸邪聚，及不定聚。十方恒沙诸佛如来，皆共赞叹无量寿佛威神功德不可思议。诸有众生，闻其名号，信心欢喜，乃至一念，至心回向，愿生彼国，即得往生，住不退转。唯除五逆，诽谤正法。"

佛告阿难："十方世界诸天人民，其有至心愿生彼国，凡有三辈。其上辈者，舍家弃欲而作沙门，发菩提心，一向专念无量寿佛，修诸功德，愿生彼国。此等众生，临寿终时，无量寿佛与诸大众现其人前，即随彼佛往生其国，便于七宝花中自然化生，住不退转。智慧勇猛，神通自在。是故阿难，其有众生欲于今世见无量寿佛，应发无上菩提心，修行功德，愿生彼国。”

佛语阿难：“其中辈者，十方世界诸天人民，其有至心愿生彼国，虽不能行作沙门，大修功德。当发无上菩提之心，一向专念无量寿佛，多少修善，奉持斋戒，起立塔像，饮食沙门，悬缯燃灯，散花烧香，以此回向，愿生彼国。其人临终，无量寿佛化现其身，光明相好，具如真佛，与诸大众，现其人前。即随化佛往生其国，住不退转。功德智慧，次如上辈者也。”

佛语阿难：“其下辈者，十方世界诸天人民，其有至心欲生彼国，假使不能作诸功德，当发无上菩提之心，一向专意，乃至十念念无量寿佛，愿生其国。若闻深法，欢喜信乐，不生疑惑，乃至一念念于彼佛，以至诚心，愿生其国。此人临终，梦见彼佛，亦得往生。功德智慧，次如中辈者也。当熟思之，能于其中，端心正行。”

举要言之，三乘圣人，及地前三贤，并二乘七方便，发心以去假名菩萨，乃至方便道前四众男女，无根、二根，至于龙鬼八部，但能发菩提心，专念阿弥陀佛，厌恶秽刹，欣乐净土，临命终时，正念现前者，皆得往生也。若勇猛精进，观行分明，临终最后心不乱者，并得上生。乃至临终最后十念相续现在前者，得下品下生。此中菩萨往生，自有三辈九品。二乘往生，自有上、中、下。凡夫往生，自有上、中、下。各有九品，但经中不能委细分别。大、小、凡夫，合论九品，究实即有无量差别也。

详四十八愿，及《观经》旨，凡夫是正生，圣人是兼生。彼经唯言："为未来世一切凡夫，为烦恼贼之所害者，说清净业处"，劝人往生，不论菩萨。于凡夫中，谤大乘人不得往生，以断善根故。二乘人中，愚法学人不得往生，不信有十方净土故。菩萨不愿生者，亦复不生，以悲愿自在故。若二乘无学，不问愚与不愚，皆得往生，以三界秽土中无受生处故。生人品类，略义如是。

第六、往生难易

于中有二：先明二处优劣，后述往生难易。

言优劣者。夫总赞实德，谁优谁劣。是故齐是法王，俱称善逝。身充万能，土盈众美。但以为化众生，或居秽土，则丘墟满野。或处净刹，则奇宝盈封。若论其处，非无优劣。

兜率天宫，则构虚而立。极乐世界，则就地而安。此则人、天趣别。若据此土法，论彼界，则天优人劣也。

若论净秽者，兜率是秽界，极乐则净刹。粗分此彼，有其十四异。谓兜率天，界地挟隘，亦男女杂居，亦有现行欲染，亦有退转，亦寿四千岁，仍有中夭，身量亦尔。又三性心起，故以恶心或堕地狱。又三受互起。又六尘境，令人放逸。又男生在父膝，女在母膝。又唯以菩萨为说法主。又或得圣果，或有不得。若西方土，反此为相。若就此义，西方大优也。

后论往生难易：

或说：西方易生，兜率难生。且有七种差别：一、极乐是人，易生。兜率是天，难生。二、极乐但持五戒得生，兜率具修十善方往。三、极乐乃至十念往，兜率具施戒修往。四、西方终凭弥陀佛四十八大愿往，兜率无愿可凭，唯自力往。五、西方有观音菩萨等，常来此土劝进往，兜率无此事。六、西方经论具赞劝，兜率但一经赞说。七、古来大德向西方多，向兜率者少。由此义故，西方易往生，兜率难上生也。

或说：兜率易生，极乐难生。所以知者，知足天宫，同在此界，内外大小所共信许。既是化身，故定得生。准《上生经》，四众行六事法，八部闻名欢喜，忏悔恶业，修十事行，回愿生彼，一切皆得生。极乐世界，准《对法论》别时意趣者，如说："若有愿生极乐世界得往生，意在别时。犹货一钱，而得千钱。"故彼经言："非小善根因缘而得生彼。"《天亲论》云："女人及根缺，二乘种不生。"又彼佛毫相，如五须弥，岂凡夫类，能见此相？如是等义，诚证非一。是故愿往西方，万一不生。

或说：在前二说，并不尽理。凡其往生难易，一任因缘。缘谓诸佛菩萨同体大悲，因是四众九辈所起愿行。同体之悲，虽无局人。众生之业，犹是参差。若是业因熟者，随愿便生，非以人天如难往，亦以净秽如有碍。若其愿行缺者，在前无感，岂由同界而易生，复以化身而辄谒？由是王舍城内，三亿余家，同居一城，而不闻如来之名。那落伽中，九十亿人别住难家，犹来见金色之相。则知众生起行，良由胜缘之相属，有失不失。或有性自属弥陀，或有本来系慈氏，如逐所属，各得道速。强于无属，多劳少益。是故长者之婢母，受化于罗云。非想之天子，悟道于遗身。然则委心所尊，竞务其业，往之易早于弹指，何为徒交难易之论？如其发心决定无疑，六事易是办，九品非难修。罪业虽多，销过朝阳之却暗。界趣虽幽阻，通逾王印之开塞。但以克舟之学徒，守株之行者，疑乎覆千界之舌相诚言，信乎愚一心之井虾说。岂非藏匮燕石，疑虑隋珠，悲复哀哉！

第七、解妨除疑

问：如《摄大乘论》释作别时意，岂不是破耶？

答：彼论所明，有别时，有不别时。若唯空发愿，即是别时。若行愿兼修，非是别时。若天亲菩萨判十念行作别时意者，何故造《往生论》，劝人往生？又《观经》教兴意者，缘韦提希生阿阇世五逆子，因厌五浊，愿生极乐。佛即为说三福业、十六观门，劝众生往生，乃至十恶五逆，悉劝往生。既净土请主，身居五浊，复生逆子，佛说皆生，即知现居五浊凡夫，悉得往生也矣。

问：韦提希是大菩萨，为化众生，现受女身，生于逆子，岂实是凡夫类耶？

答：纵令实是菩萨，现受女身，化众生者，必须隐其实德，现同凡夫，摄化同类。即现同凡夫，身居五浊，当知即引五浊凡夫往生极乐也。《摄论》曰："由唯发愿，是别时意。"故知三福、十六观、七日念佛等，那别时也？

问：如《往生论》云："女人及根缺，二乘种不生。"云何女人等三，亦得往生？

答：理实可然，若无三种，定得往生。言三种者：一、于此土中，或有男子，或有女人，种于女人因，决定招女根者，此人纵修净土行，亦不得往生，以净土中无女人故。此是定业，不可改动，即是业障也。盲、聋等缺根，可知亦尔也。若有悔除，不入其类。二乘者，种二乘因，不信大乘及十方净土，亦不得生也。彼论所明"种"者，定业种也。

问：若尔，何故《观经》曰，受持五戒，即生至彼，闻说四谛，悟罗汉果等？

答：此不愚法人，信有十方诸佛及净土，发愿往生。若悟果竟，佛为说《法华经》，并回心向大。是《智度论》之所判也。

问：众生恶业甚重，能障于净土，非小善能除。何故《观经》云，临终十念，即得往生也？

答：心是业主，受生之本。临终之心，犹如眼目，能导一切业。若临终心恶，能引一切恶业。若心善者，能引一切善业。如龙所行，云即随之。心若西逝，业亦随之。

问：如《弥勒所问经》说十念中云："非凡夫念，不杂结使念。"今此众生，体是凡夫，结使不断，云何念佛而得生耶？

答：或云，若如彼经，唯佛一人得生，余皆不得。以十地后心菩萨，犹有二种无明故。今解彼经，云凡夫念者，若不发菩提心，求出三界作佛，而直尔但念佛求生者，是凡夫念，彼不得生，故皆须发菩提心也。不杂结使念者，唯须一心相续，观佛相好。而若口念佛，心缘五欲者，是杂结念也。念佛是淳净心，与结使相违也。或有异义，见前同。

问：众生罪业，大积如山，何得十念须灭尔许恶业？假令百千万遍，犹是太少。若不灭恶业，复何得往生净土乎？

答：有三义：一者，若临终时正念现前者，此心能引无始以来及一生所作善业，共相资助，即得往生也。二者，诸佛名号，总万德成，但能一念念佛名者，即一念之中总念万德，则灭罪业。恶业碍往，除罪何系？故下品生中云，称佛名故，于念念中，除八十亿劫生死之罪。三者，无始恶业，从妄心生。念佛功德，从真心起。真心如日，妄心如暗。真心暂起，妄念即除。如日始出，众暗悉除。由此三义，乃至临命终时十念成就者，定得往生。

问：净土胜妙，是法王所居。莲华藏，非凡夫行处。理须凡行凡地，圣践圣场。宁得底下凡夫，生斯妙处？

答：若凡夫即不得游于净土，既是法王，何得践于五浊？虽是法王，为化众生，故游于五浊。亦虽是凡夫，为供养佛，故生于净土。又四十八大愿，初先为一切凡夫，后兼为三乘圣人。故知净土宗意，本为凡夫，兼为圣人也。又十解以去，不畏生恶道，故不愿生净土。故知净土兴意，本为凡夫，非为菩萨也。

问：亲遇善缘，预九品生。频见文义，愤心云披。若有众恶，不识修善，已入三途，为有方便救彼亡灵，令除业障，生极乐界以否？

答：愚情难通，圣教有术。故《不空罥索神变真言经》第二十八卷，《灌顶真言成就品》曰："尔时十方一切刹土，三世一切如来，毗卢遮那如来，一时皆伸右无畏手，摩清净莲花明王顶，同说《不空大灌顶光真言》曰：

唵　荷暮伽废噜者娜　摩诃亩捺啰么抳　钵头么入缚攞　跛啰韈弹野吽

"若有众生，随处得闻此《大灌顶光真言》，二、三七遍，经耳根者，即得除灭一切罪障。若诸众生，具造十恶五逆，四重诸罪，犹如微尘，满斯世界，身坏命终，堕诸恶道。以是真言，加持土沙一百八遍，尸陀林中散亡者尸骸上，或散墓上、塔上，遇皆散之。彼所亡者，若地狱中，若饿鬼中，若修罗中，若傍生中，以一切不空如来、不空毗卢遮那如来真实本愿，《大灌顶光真言》加持土沙之力，应时即得光明及身，除诸罪报，舍所苦身，往于西方极乐国土，莲花化生，乃至菩提，更不堕落。”

此等经文，往往而在。悔哉！罪业自造，苦果影追。痛哉！独困独厄，无人救护。自非同体大悲，弘济秘术，谁能远开幽键升花台。虽无他作自受之理，而有缘起难思之力。则知以遇咒沙即有缘，若不被沙，何论脱期？惟夫大悲无方，长舌无杂。不行不信，后悔无及。然则不信用者，徒负厚恩，报日转远。有顺行者，接魂花莲，孝顺便立。幸逢真言，令出不难。凡百君子，谁不奉行？散沙墓上超逝界，况乎咒衣着身，聆音诵字矣！

念佛镜

唐沙门道镜、善道共集

详夫圆成至觉，尽智海以无方。普应群机，破迷山而有路。慈音遍演，亲闻者道证三空。妙义齐分，入信者心明八谛。施顿渐之五乘，接圣凡之二类。识其道者，便登常乐之乡。迷其旨者，永溺轮回之域。是以如来随机授道，直指西方，开极乐之法门，显慈尊之名号。故乃人天共仰，凡圣同归。入华藏之要津，证泥洹之疾径。行门省略，功德甚深。自古名贤，尽依念佛。慧持、慧远，寿终宝盖迎将。道绰、道珍，命尽云仙引去。或男或女，现祥瑞者，一一难陈。若僧若尼，感慈光者，重重无尽。传记具明，不劳广录。

今《念佛镜》者，照明念佛之人，永断疑惑者也。依之奉行，必出苦轮。较量辨疑者，义在下文。总有一十一门，览者详焉。

一、劝进念佛门　二、自力他力门　三、念佛得益门

四、已得往生门　五、校量功德门　六、校量斋福门

七、疑谤得罪门　八、誓愿证教门　九、广摄诸教门

十、释众疑惑门（复分六门）　　十一、念佛出三界门

第一、劝进念佛门

夫佛者，三界大师，四生慈父。归信者灭罪恒沙，称念者得福无量。凡欲念佛，要起信心。若当无信，空无所获。是故经言“如是”者，信相也。夫信为入道之初宗，智为究竟之玄术。初称“如是”，信也。后曰“奉行”，智也。故《阿弥陀经》云：“若有信者，应当发愿，生彼国土。”此是本师释迦牟尼劝信之处。彼经又言：“汝等当信是称赞不可思议功德。”此是六方诸佛劝信处。又经言：“随顺此经，以信得入。”此是《法华经》劝信处。又云：“若人种善根，疑则花不开。信心清净者，花开即见佛。”此是《十住论》劝信处。又“人无信而不立，车无輗轨不行”，此是外书劝信处。又“信则所言之理顺，顺则师资之道成。经无丰约，非信不传。”此是肇法师劝信处。大行和尚曰：“念佛法门，不问道俗男女，贵贱贫富，唯要具信。”此是大行和尚劝信处。

问云：既言道信，未知信何等法？

答曰：信意者，信依经中说念佛定生净土，信念佛定灭诸罪，信念佛定得佛证，信念佛定得佛护，信念佛临命终时佛自来迎，信念佛不问众生，同信之人皆得往生，信念佛生净土定得三十二相，信念佛生净土定得住不退地，信念佛生净土定得

自在快乐庄严，信念佛生净土定得不死之地，信念佛生净土与诸菩萨一向为伴侣，信生净土更不离佛，信生净土花台化生，信弥陀佛现在说法，信生净土不堕三途地狱，所以遣念佛。念佛一口，准《观经》说，定灭八十亿劫生死重罪，还得八十亿劫微妙功德，所以劝信。

是故大行和尚遣念佛人，心唯信佛，佛则知之，佛得他心通故；口唯称佛，佛则闻之，佛得天耳通故；身唯敬佛，佛则见之，佛得天眼通故。此是大行和尚劝信念佛处。

又喻信心犹如深栽果树，树根深故，风吹不动，后着果实，济人饥渴。念佛之人亦复如是，要由深信，得到西方，成等正觉，广济危难。若当无信，空无所获。是故经言："十住菩萨一起信心念佛以后，纵逢恶缘，丧身断命，宁当即死，不退信故。"《维摩经》云："深信坚固，犹如金刚。法珍普照，如雨甘露。"念佛之人，要须深信。

又《无量寿经论》云，念佛有五种门。何者为五？一者礼拜门，身业专礼阿弥陀佛；二者赞叹门，口业专称阿弥陀佛名号；三者作愿门，所有礼念功德，唯愿求生极乐世界；四者观察门，行住坐卧，唯遣观察阿弥陀佛，速生净土；五者回向门，但念佛礼佛功德，唯愿往生净土，速成无上菩提。此是《无量寿经论》中念佛法门。

又彼经云，有四种修行。何等为四？一者长时修，自一发念佛心以来，直至得生净土成佛，终不退转；二者敬处修，正向西方，专想不移；三者无间修，唯专念佛，无别杂善而来间隔，亦无贪瞋烦恼杂恶来间；四者无余修，无余杂善而来间。何以故？杂善修道，多劫乃成，由自力故。唯专念佛，一日、七日即生净土，位居不退，速成无上菩提。乘阿弥陀佛本愿力故，速得成就。故名无余修。

又准《观经》中，勤念佛人，上品上生者："若有众生，愿生彼国者，发三种心，即便往生。何等为三？一者至诚心，二者深心，三者回向发愿心。具三心者，必生彼国。"何者至诚心？身业专礼阿弥陀佛，口业专称阿弥陀佛，意业专信阿弥陀佛，乃至往生净土成佛以来，不生退转，故名至诚心。深心者，即是真实起信，专念佛名，誓生净土，成佛为期，终不再疑，故名深心。回向发愿心者，所有礼念功德，唯愿往生净土，速成无上菩提，故名回向发愿心。此是《观经》中上品上生法。

又《文殊般若经》，不观相貌，专称名号，作一行三昧。欲得速成佛，亦作此一行三昧。欲具一切智，亦作一行三昧。欲得见佛，亦作一行三昧。欲得速生净土，亦作一行三昧。此是《文殊般若经》中念佛往生法。

又《阿弥陀经》云："舍利弗，若有善男子、善女人，闻说阿弥陀佛，执持名号，若一日、若二日，乃至若七日，一心不乱。其人临命终时，阿弥陀佛与诸圣众，现在其前。是人终时，心不颠倒，即得往生阿弥陀佛极乐国土。"问曰：若念佛一日，往生净土，何须七日？答曰：一日、七日，皆是临命终时往生净土，疾则一日，迟则七日。此是《阿弥陀经》中上品往生法。

又准《观经》，下品下生者，或有众生，作不善业，五逆十恶，具诸不善。如此愚人，以恶业故，应堕恶道，经历多劫，受苦无穷。如此愚人，临命终时，遇善知识，教念阿弥陀佛十口，除罪往生。此是《观经》中下品下生法。

又准《无量寿经》云："乃至一念，即生净土。"并是下品往生法。

问曰：一种念佛，一念十念，即下品下生，一日七日，何故得上品上生？

答曰：一念十念，为念数少，功德亦少，所以下品下生。一日七日，为念数多，功德亦多，所以上品上生。又一念十念，喻晚发心人。一日七日，喻早发心人。所以一念十念，一日七日，即生净土，位居不退，直至无上菩提。

又念佛喻如孩子哭声，父母闻之，急来相救，饥即与食，寒即与衣，热即与凉。是父母力，非是子能。念佛之人亦复如是，唯知念佛。佛大慈悲，寻声即救。所有罪业，佛与灭却。所有病患，佛与瘥却。所有诸障，佛与拂却。犹如父母养子相似。故《法华经》云："一切众生，皆是吾子，我即是父。汝等累劫众苦所烧，我皆济拔，令出三界。"修道之人，要勤念佛。《维摩经》云："欲除烦恼，当修正念。"

第二、自力他力门

问云：论诸法门，其数无量。何法自力？何法他力？

答云：如来虽说八万四千法门，唯有念佛一门，是为他力。余门修道，总为自力。

又问：自力修道，准佛经教，何时得成？他力修道，何时得熟？

答：自力，准佛经教，从初发心，经一大阿僧祇劫，始到初地，又经一大阿僧祇劫修道，乃至八地菩萨，皆是自力。他力者，准念佛法门，《阿弥陀经》疾则一日，迟则七日，念阿弥陀佛，往生净土，即是八地菩萨。何以故？为乘阿弥陀佛本愿力故。《阿弥陀经》中，众生生者，皆是阿鞞跋致。既是阿鞞跋致，即是八地菩萨。

又问：自力、他力如何？

答：喻自力者。犹如小儿，年始三岁。宅去京地，向经千里。遂遣小儿自行向京，以求官职，无由得到。何以故？为幼小故。余门修道，亦复如是，要须多劫修道乃成，犹如小儿自力向京，不可得到，由自力故。言他力者，犹如小儿虽小，依父母及象马车乘力故，不久到京，遂得官职。何以故？由他力故。念佛修道，亦复如是，临命终时，乘阿弥陀佛愿力，如一念顷，往生西方，得不退地。犹如父母将象马车乘载小儿，不久到京，觅得官职。

又自力者，犹如贫人还与贫人家客作，用力虽多，得钱极少。余门修道亦复如是，用力极多，功德极少，如似贫家客作相似。又他力者，如向王家客作，用力极少，得钱无量。何以故？为乘王力故。念佛亦复尔，为乘佛愿力故，用功极少，功德无边。一日七日专心念佛，速生净土，早证无上菩提，犹如王家客作相似。

又自力、他力者，犹如蚁子寄在翅鸟之上，遂将蚁子在须弥山，蚁子升高，受诸快乐。凡夫念佛，亦复如是，乘佛愿力，速生西方，受诸快乐，犹如蚁子乘翅鸟力上山相似，此之他力。余门修道，犹如蚁子自力行上山，不可得到，此乃自力。自力者犹如虾蟆，他力者犹如大龙。有诸虾蟆，衔着龙鳞，龙带虾蟆，速入大海。由念佛故，将于众生速到西方。

又自力者，犹如凡夫脚足损坏，不能速行。他力者，如转轮王飞腾虚空，往四天下，为乘轮宝力故。乘佛愿力，亦复如是，一念之顷，即得往生西方，住不退地。余门修道，犹如陆地步行。念佛修道，犹如水路乘船，里数极多，而复不困。念佛往生，亦复如是，用功极少，早证菩提。念佛法门，由乘阿弥陀佛本愿力故，速疾成佛，超过余门百千万倍。

第三、念佛得益门

问曰：念阿弥陀佛，往生殊胜净土，总得几计利益？

答曰：准善道阇梨集念佛法，总有二十三种利益。何者是？一、灭重罪障益，二、光明摄受益，三、大师护念益，四、菩萨冥加益，五、诸佛保护益，六、八部防卫益，七、功德宝聚益，八、多闻智慧益，九、不退菩提益，十、奉覲大雄益，十一、感圣来迎益，十二、慈光照触益，十三、圣友同赞益，十四、圣友同迎益，十五、神通空驾益，十六、身色殊姿益，十七、寿命长劫益，十八、得生胜处益，十九、面睹圣众益，二十、常闻妙法益，二十一、证无生法忍益，二十二、历事他方受记益，二十三、还归本国得陀罗尼益。此是西京善道阇梨《念佛集》中利益。

又准大行和尚，念佛总有十种利益。何等为十？一则佛力，二则易作，三则功德最多，四则自他极喜，五则速得见佛，六则定得不退，七则定生极乐，八则更不离佛，九则寿命长远，十则与圣无异。

又准诸经，念佛往生，总有三十种利益。何等是？一、灭除诸罪；二、功德无边；三、诸佛法中胜；四、诸佛同证；五、诸佛同护；六、十方诸佛同劝信念；七、所有疾患，念佛总除；八、临命终时，心不颠倒；九、念佛一法摄多法；十、命终之时，佛自来迎；十一、用少功德，速生净土；十二、花台中化生；十三、身黄金色；十四、寿命长远；十五、长生不死；十六、身有光明；十七、具三十二相；十八、获六神通；十九、得无生法忍；二十、常见诸佛；二十一、与诸菩萨共为伴侣；二十二、香花音乐，六时供养；二十三、衣食自然，长劫无尽；二十四、任运进道，直至菩提；二十五、常得少年，无有老相；二十六、常得强健，无有病时；二十七、更不重堕三途地狱；二十八、受生自在；二十九、昼夜六时常闻妙法；三十、住不退地。此依诸经，念佛生净土，总有三十种利益。

又准《涅槃经》文，有五百群贼，为旷野劫盗。波斯匿王捉得以后，排其两目，断其手足，弃在坑中。时贼众中一人，曾向佛边闻说念佛救人苦难，遂转相教，齐心念佛。尔时诸贼，同发愿言，三称佛名，眼目平复，手足如故。所以知念佛利益不可思议。

又彼经中说，天竺国中有一优婆夷，信敬三宝，常好供养一切众僧。中有一比丘，身患重病，良医诊瞻，须用人肉作臛服之，其病乃瘥。时优婆夷为敬三宝故，遂割身肉，供养比丘。比丘食已，病即得瘥。其优婆夷，身疮苦痛，不能忍受。即便念佛，苦痛总除，身疮平复如故。所以知念佛利益不可思议。

又准《月灯三昧经》云，非但身疮平复，一切病苦痛患，专心念佛，病苦总除。故彼经云："若遇垂死重病，苦痛逼迫，无可疗治。念佛三昧不舍，一切病苦悉除。"所以善导阇梨、大行和尚在日，有数个疾病人，念佛总瘥。自余诸病，念佛瘥者，无量无边，不可具说。非但念佛，病得除瘥，近来此处有人念佛，前后感舍利数粒，每常供养。故知念佛利益难思议。

第四、已得往生门

问：准《阿弥陀经》云，若已生、今生、当生。上来虽劝念阿弥陀佛，未知现今往生，许说多少数目得生已否？

答：准《净土经》云，娑婆世界已有六十七亿不退菩萨，念阿弥陀佛往生。他方国土亦复如是，往生者无量无边。

又准《华严经》云，德云比丘，念阿弥陀佛，往生净土。

又准《阿弥陀经》，阿难、舍利弗等，闻佛所说，欢喜信受，即得往生。

又准《观经》，韦提希与五百侍女，念阿弥陀佛，往生净土。俱非菩萨、声闻往生。

又近来北都有绰禅师人，又有律师西京善道阇梨、怀感法师、大行和尚，并僧法会等数百余僧人，念阿弥陀佛，往生净土。非但僧等往生，西京、东京及余诸处，有数个尼师，得往生净土。非但尼得往生，西京、东都及余诸处，亦有数个白衣贤者，并优婆夷等，念阿弥陀佛，临命终时，得好境界，往生净土。如是品类，不可具说，如《往生传》，此即是已往生者。有念佛法门，凡夫、二乘及诸菩萨同行之教。

第五、校量功德门

问曰：准《阿弥陀经》中，不可以少善根福德因缘得生彼国。未知何者是少善根？何者是多善根？

答曰：如来八万四千法门，若望念佛法门，自余杂善，总是少善根。唯有念佛一门，是多善根、多福德。何以得知？准《观经》中，下品下生人，十念成就，即生净土。一声念佛，定得灭除八十亿劫生死之罪。一念既能灭八十亿劫生死之罪，明知还得八十亿劫微妙功德。故知念佛一法，即是多善根。

又自余杂善是自力，修行之者，多劫乃成。念佛修道，乘阿弥陀佛本愿力故，疾则一日，迟则七日，便生净土，住不退地。故《阿弥陀经》中，若有善男子、善女人，闻说阿弥陀佛，执持名号，若一日，若二日，乃至七日，一心不乱，其人临命终时，阿弥陀佛与诸圣众现在其前，是人终时，心不颠倒，往生阿弥陀佛极乐国土。故知念佛一法，即是多善根、多福德。

问曰：念佛一口，能灭八十亿劫生死之罪，不知几许是劫？

答：一劫者，不可数得之为劫。准教，取四十里石，厚薄纵广各四十里。忉利天上，有诸天衣，轻重三铢为一分。取三铢天衣，三年一回，拂尽无石，总作微尘，乃为一大劫。有一个人，广造罪业，或杀、盗、邪行、妄语、两舌、恶口、贪、瞋、邪见、五逆、不孝、诽谤大乘、一切恶业，堕地狱中，经八十亿劫。若念佛，生死之罪总皆消灭，还得八十亿劫微妙功德。故知念佛一法，是多善根、多福德。

又算劫数，十千劫乃成一万劫，十万劫乃成一亿劫，从十亿劫至八十亿劫功德。有人一日念十万口阿弥陀佛者，或有人一日念得二十万口，准《阿弥陀经》，一日七日念佛，功德无量无边。由多功德，往生净土。往生净土，即是八地以上菩萨。所以《弥陀经》中，十方诸佛同皆赞叹不可思议。自余杂善，思得畔际，算得头数，故名少善根，是可思议。念佛功德广大无边，非心所思，非口所议，是故经云不可思议。故知念佛一法是多善根，非余善根所能及也。

又校量念佛功德，分为三等：一、校量一念，二、校量十念，三、校量念一日七日。

准《观经》中，念佛一口，灭八十亿劫生死之罪，还得八十亿劫微妙功德。唯一劫功德尚不可思议，何况百劫。百劫功德尚不可思议，何况千劫。千劫功德尚不可思议，何况万劫。万劫功德尚不可思议，何况一亿劫，乃至八十亿劫功德，不可知数，故言不可思议功德。所以《观无量寿经》中，广造五逆，谤方等经罪，临命终时，念阿弥陀佛十口，即生净土。此是下品下生法。

一念功德尚自无量，何况二念，乃至十念？准《观经》中，其人谤方等经，用常住僧物，广破诸戒，世间恶业尽造。

临命终时，称念一口阿弥陀佛功德，所造罪业总皆消灭尽，往生净土。所以经言，于一念中灭八十亿劫生死之罪。此是下品中生法。

又问：罪障既多，何故念佛十口，乃能除灭多劫等罪？

答：十口佛名，定能除灭多劫等罪。何以得知？举喻释者，譬如有人积薪千日，起火焚之，不经半日，烧薪总尽。罪业烦恼犹如柴薪，念佛功德犹如猛火。无量劫来罪障，由念十口阿弥陀佛功德，一切罪障总皆消灭。又罪障犹如暗室，念佛犹如明灯。千年暗室，明灯才照，其暗悉除。念佛功德亦复如是，无量劫来罪障，由念阿弥陀佛功德，一切罪障悉消灭。故知念佛定能灭除多劫等罪。故《观经》云："汝称佛名故，诸罪消灭，我来迎汝。"

又念佛十口，功德尚自无边，何况有人一日念得十万口阿弥陀佛，一日念得二十万口阿弥陀佛者。一日念佛功德尚自无边，何况二日乃至七日念佛功德。准《阿弥陀经》，临命终时，疾则一日，迟则七日，念佛即往生净土。又云众生生者，皆是阿鞞跋致，即是八地菩萨。此是上品上生法。何以得知？喻如世间户次相似，财宝多者作上上户，财宝少者作下下户。念佛功德最多者，生净土作上上品。念佛最少者，作下下品。如来虽说诸善功德八万四千法门，唯有念佛一门是最上法。如来虽说诸善功德，唯有念佛一法是多善根，是多福德。自余杂善，若望念佛，总是少善根、少福德。念佛法门实非余门所及也，故知念佛一门是多善根、多福德。

又念佛法，准诸经说，极甚难值。何以得知？《大阿弥陀经》云：过去有一国王，能起信心，拟作念佛要法，遂至善知识所，志求念佛要法。尔时善友报大王言：“此念佛要法，极理难闻，大王贵圣岂能学？”王报大师：“若能为我说念佛要法者，吾当终身供给走使。”尔时善友报大王云：“王拟修念佛要法者，宜舍国位，此处供给，多时不退，即为王说念佛要法。”尔时大王遂舍国位，即随善友，供给所须。时世人民寿命无量，经八千岁，苦处先登，不避劳倦，不生退转，于其中间两度闻说念佛三昧。于后世后时，得值二万八千诸佛，并为王说念佛三昧。其王闻念佛法故，遂得成佛。何况今时得闻，至诚信念，岂不往生极乐世界？亿亿众生沉沦恶道，不得成佛，只为不逢念佛法门，故知念佛极难逢。

第六、校量斋福门

问：念佛法门亦复持斋已否？

答：念佛之法亦须持斋。大行和尚一食持斋，长时无阙。

问：持斋得几功德？

答：《大云密藏经》、《斋法清净经》、《校量斋福利经》中所说，斋有五时。寅时斋者，得八万四千亿岁余粮。卯时斋者，得八万亿岁余粮。辰时斋者，得六万亿岁余粮。巳时斋者，得四万亿岁余粮。午时斋者，得五百日余粮。午时后，不得成斋，得罪，无一分功德。言余粮者，余则不尽，故言余粮。今生多足衣食，皆是过去持斋所获。所以大行和尚说："念佛之人，要须持斋。"又譬如一日得粮食尚不可思议，何况十年粮食。十年粮食尚不可思议，何况百年粮食，乃至百亿、千亿、万亿、八万亿粮食。既准经说，故知持斋功德不可思议，念佛人要须持斋。

第七、疑谤得罪门

问：赞叹念佛得何功德？诽谤念佛得何罪？

答：准《杂集经》说：一度谤念佛人，千劫堕泥梨地狱。一度赞念佛人，灭却身中百劫极重恶业。大行和尚说："人不志心念佛，亦谤佛故，遂即谤法，直入阿鼻狱中，受诸苦痛，无有出期。"

又问：阿鼻地狱如何庄严？

答：阿鼻地狱者，《观佛三昧经》说，纵广正等八千由旬，七重铁城，七重铁网，有七铁幢，八万四千剑林，八万四千热汤。铜狗、铁蛇、铁鸟，满此狱中。一人入狱，亦皆遍满。多人入中，亦复不窄。一堕此狱，长时受苦，无有出期，无有间隔。经八万大劫，然后得出，复堕畜生。由谤念佛法故，堕地狱中，受无间苦。若不回心念佛，无间等罪，无由得出。若能志诚念佛，无间等罪，并皆消灭。

又准《法华经》中，见有读、诵、书持经者，轻贱憎嫉，而怀结恨，即堕无间地狱。何况谤念佛之人，其人罪重于谤诵经、读经、书经人百千万倍。所以大行和尚违情能忍，打骂莫报，恐招罪故。《遗教经》云："劫功德贼，无过瞋恚，甚于猛火。常当防护，无令得入。"猛火能烧世间诸珍宝，瞋心猛火能烧七圣财，是故念佛之人亦须忍辱。

又《华严经》云："一念瞋心起，百万障门生。"又准《观经》，赞叹他好，自得功德。以骂他恶，自得罪报。何以得知？《报恩经》云，均提沙弥为骂上座音声如狗吠，均提沙弥由一恶言，五百生中常作狗身。故知骂他还自得罪。

又《杂阿含经》中说，有一人赞叹修道人善事胜妙，五百生中常得端正，形貌殊好，口气常香，遍体香洁，如优钵罗花，香气逆风，四十里闻香。故知赞他并得善报，念佛人兼须赞善。准《法华经》云，不说他人好恶长短。唯专念佛，速生净土，不果沉沦。

第八、誓愿证教门

问：既专念阿弥陀佛，定生净土，定得无量功德。未审有何保证，令不遣信耶？

答：大有保证。准《阿弥陀经》中，六方诸佛，恒河沙数，出广长舌相，遍覆三千大千世界，说诚实言，不诳众生。当信是本师释迦牟尼佛说，念佛定得无量功德，一日七日称念阿弥陀佛，定得往生净土。一依此教，不生净土，诳汝，口中出舌已，便当坏烂，不还入口。此是六方诸佛以愿证处。

又准《大宝积经》，阿弥陀佛作法藏比丘时，发四十八大弘誓愿，中说：若我得成佛时，十方天人闻我名字，不得菩萨无生法忍、诸法总持者，不取正觉。生我国土，不得三十二相者，不取正觉。十念成就，不生我国者，不取正觉。若生我国中，更重堕地狱及三途恶道者，不取正觉。生我国土，形貌不平，一有好丑者，亦不取正觉。生我国中，不得天眼、天耳，六通自在者，不取正觉。十方众生，称我名字，不得十方诸佛咨嗟赞叹我名者，不取正觉。若女人厌恶女身，求生我国，临命终时，不转女身成男子，复受女身者，不取正觉。言正觉者，亦明菩提。若一切众生，乘我愿力，不得如上果报，我即不证无上菩提。即是诳诸众生，我誓当在恶道中，不得无上菩提。此是阿弥陀佛立誓愿处。又《阿弥陀经》云，说经之日，阿弥陀佛成佛以来，于今十劫”阿弥陀佛既得成佛，念佛定得往生。

又本师释迦说，专念佛名，亦为难事。我行此念佛，得无上菩提，说《阿弥陀经》。意者为本师释迦因中发愿。是故《法华经》中说：“我本立誓愿，欲令一切众，如我等无异。如我昔所愿，今者已满足，化一切众生，皆令入佛道。”此是释迦佛立誓愿处。

又《观音经》云："弘誓深如海，历劫不思议，侍多千亿佛，发大清净愿。"此是观世音菩萨发愿处。

又善导阇梨在西京寺内，与金刚法师校量念佛胜劣。升高座，遂发愿言："准诸经中，世尊说，念佛一法，得生净土。一日七日、一念十念阿弥陀佛，定生净土。此是真实不诳众生者，即遣此堂中二像总皆放光。若此念佛法虚，不生净土，诳惑众生，即遣善导于此高座上即堕大地狱，长时受苦，永不出期。"遂将如意杖指一堂中像，又皆放光。此是善导阇梨立誓愿处。

又大行和尚言："若有人能依《阿弥陀经》念佛，不取相貌，心唯信佛，口唯称佛，身唯敬佛。违情能忍，恶衣先着，粗食先吃，孝义并仁慈，专心念佛。逢缘不退，至死不移，杂善及恶亦皆不作，唯专念佛。能如是者，大行皮中剥与作衣服着，肉中截割与作饭食吃。若依经念佛，不生净土，念一口佛不灭八十亿劫生死之罪，不得八十亿劫微妙功德，不剥皮与着，不割肉与吃，诳惑众生，使大行立请交报，六根坏烂，遍体生疮，使人眼见苦痛难忍，当来直入地狱，更不再出。"此是大行和尚立誓愿处。

又喻誓愿，犹如宝车。有诸宝车，多载珍宝，拟上国王求官职。车载宝物，要须绳索缚束牢固，然始到京，不被倾侧，珍宝不失。王得宝物，遂与官职。念佛亦然，要须誓愿，行始得成，不失念佛功德珍宝，乃至净土，早证菩提。若当无愿，所修行行，无由得成。故《阿弥陀经》：“若有信者，应当发愿，生彼国土。”

第九、广摄诸教门

念佛总持，辩才无碍。布施、持戒、忍辱、精进、禅定、智慧，及方便、愿、力、智，无不具足，由念佛故。犹如如意宝珠，所求皆得。若自能念佛，布施他人，教他念佛，此即当布施。由念佛故，灭除诸罪，即是持戒。恶法不生，即是忍辱。行住坐卧，念佛名字，不离心口，即是精进。深信不疑，志诚念佛，所生净土，不生退转，即是禅定。由久用功，念佛名号，一切经教，披文即解，此即智慧。是故念佛总持，辩才无碍。

又准念佛摄六度果报。何以？由念佛故，往生净土，衣食自然，财宝总足，即摄布施。由念佛故，往生净土，得男子身，具六神通，即摄持戒。由念佛故，往生净土，得端正可喜三十二相、八十种好，即摄忍辱。由念佛故，当生净土，水鸟树林，佛及菩萨，总皆说法，闻是音已，皆自然生念佛、念法、念僧之心，即是精进。由念佛故，生彼国已，更无异缘，常住三昧故，即是禅定也。生彼国已，自然解了一切诸法，即是智慧。故念佛一法，摄六度果报，过于财施百千万倍。所以

《涅槃经》云，念佛一口，分作十六分功德。若有一人布施一世界众生，经三月。只将念佛十六分中一分功德，亦复胜彼。故知念佛过于财施百千万倍。

第十、释众疑惑门

问：诸有疑惑，请乞除断。如《般若》云："若以色见我，以音声求我，是人行邪道，不能见如来"者。何以故，念阿弥陀佛，往生净土，得见如来？

答：《般若》遮不见如来者，为所有相貌，及以音声，皆求人我，不求往生及无上菩提故，只行邪道，不见如来。《观经》、《阿弥陀经》等，应当起想念，及专称名号，不求人我，唯求拟生净土，速证无上菩提，名正道，得见如来。若望法身，无相为正，色相、音声，以得为邪，此对十地以上菩萨。《观经》及《阿弥陀经》，观一相好，及以闻名，见报身如来，此对凡夫、二乘、诸小菩萨。若望报身，观佛、称名，以将为正，无相为邪。若对法身，所有即论无相。

又复说《般若经》时，世尊先向忉利诸天为母说法，当时世尊初从天来至阎浮提，须菩提忆念世尊，入定观佛，遂在先来。于时有一天女，不知所以，先见世尊。既见佛已，女即问佛言："我最在先见佛否？"世尊言："汝在后见。"天女白云："我初来到，无一人来见佛者，何故在后？"世尊语言：

“有须菩提，在先入定，除去人我，观见法身，在天女前，故在先见。女为起人我心，观我色身，故在后见。”世尊为对彼天女，故说颂言：“若以色见我，以音声求我，是人行邪道，不能见如来。”此颂即对外道，益当时，不忤未来世事，不同《观经》。

又复《般若》为遮外道计四大五蕴是常，计色为我，计声为我，所以《般若经》遮彼外道不见如来。今依《观经》等，说厌患门，愿离生死，速生净土，早证菩提。不观我相，遂见如来，不同《般若》。

问：《往生论》云：“女人及根缺，二乘种不生。”《观经》何故说韦提希，并五百侍女，同得往生。中品三人，二乘往生。

答：准《往生论》说女人、二乘不往生者，为无决定往生者性。女人唯爱女身，不求净土，不肯念佛，论遮不生。二乘、根缺，亦复如是，唯住小果，不生净土，不解念佛，所以不生。《观经》及《阿弥陀经》等说往生者，二乘、根缺及女人，回心念佛，厌恶女身。

自此以下，名对法论，更分为六：一、念佛对三阶门，二、念佛对弥勒门，三、念佛对坐禅门，四、念佛对讲说门，五、念佛对戒律门，六、念佛对六度门。

一、念佛对三阶门

问：三阶法中，不坐僧床，不吃僧食。念佛法中，未知许吃僧食，坐僧床，及过斋已否？

答：念佛法中，通许僧食，及坐僧床，并过斋。何以故？为念佛犹如国王，亦如王子，堪受国王禄拼，堪受如来作荫。又佛犹如父母，念佛人犹如男女，合得父母饭食衣服，床榻卧具，所以通坐僧床，及吃僧食，并复过斋。难云：不坐僧床，不吃僧食，即是修道者，边地下贱可应是修道人。何以故？边地下贱，不坐僧床，不吃僧食。彼边地下贱既非是修道，故此三阶亦非修道。

问：三阶称恶众生。念佛，是好众生，为当亦是恶众生耶？

答：不是恶众生。何以得知？准一经云："若念佛者，是人中芬陀利花。"此花者，诸花中极好。若念佛者，一切人中最好，故以为喻。灭除诸罪，故是好众生。三阶为罪不灭，所以是恶众生。难云：罪恶众生即是修道者，疾患之人应是修道。何以故？是恶众生故。彼等患人非是修道，此等三阶亦非修道。

问：三阶法不许入寺，念佛法许入寺已否？

答：念佛法中，许住持寺观。何以故？现在住持好处，当来拟生好国，拟证菩提，所以令住持寺，亦入伽蓝寺舍好处。难曰：伽蓝精舍好处，下恶众生不令住。无上殊胜妙果，下恶众生不可得。

问：三阶法中，见形像，及以诸经，不多恭敬，为是泥龛。四生众生，是真佛故，所以恭敬。念佛法中，未知敬佛像及经已否？

答：念佛法中，见佛形像及经，并遣恭敬。何以故？准《报恩经》中所说，释迦牟尼佛向忉利天为母摩耶夫人说法，经九十日。优填大王忆念世尊，不能得见，遂遣巧匠造世尊形像一躯，一仿世尊。世尊从天下来，至阎浮提，其优填大王与诸群臣遂去迎佛，其形像佛亦迎世尊。世尊共形像佛一处并立，两佛相似，遂将手摩形像佛顶，语形像言："我将不久入涅槃，留汝久住世间，教化众生。"世尊尚自敬佛形像，罪恶众生岂不敬耶？

又准《十轮经》云，猎师被袈裟，象为起恭敬，敬袈裟功德，命终生忉利诸天，九十一劫受诸快乐。何以故？为相似故。诸佛形像亦复如是，为相似故，恭敬之者，感得尊贵荣华，生天净土。所以《佛名经》中，有卢舍那佛敬形像佛。卢舍那佛尚自敬形像佛，何况凡夫岂不敬耶？

又《华严经》云，念佛三昧，当得见佛，命终之后，生于佛前。彼人临命终时，劝令念佛，为示尊像，令瞻敬故。故知《华严经》中有遣恭敬形像佛。云何三阶难云："一切形像是泥龛，食来不合吃。一切牛、驴是真佛，食来即合吃。"一切形像是泥龛，衣服供养不合着。一切众生是真佛，昆虫上得衣，云何合着？一切众生是真佛，不合损。一年之中损生无头数，杀佛之罪如何除得？一切众生是真佛，身合安置胜妙处。自身既在好房舍，佛在下恶处，岂成平等？

问曰：三阶念地藏菩萨功德，多少如念阿弥陀佛？

答曰：念阿弥陀佛功德，多于念地藏菩萨百千万倍。何以得知？准《观音经》，有一人供养六十二亿恒河沙菩萨，乃至不如一时礼拜供养观世音菩萨。《十轮经》云，一百劫念观世音，不如一食顷念地藏菩萨。《群疑论》曰，一大劫念地藏菩萨，不如一声念阿弥陀佛。何以故？佛是法王，菩萨为法臣。如王出时，臣必随从，大能摄小。佛是觉满果圆，超诸地位，所以积念者功德最多，过于地藏百千万倍。菩萨未属佛地，果未圆满，故功德最少。

问曰：（原本脱文）①

答曰②：念佛是一乘，三阶非是一乘。何以故？若是一阶，容可是一乘。既言三阶，岂成一乘义？又准《法华经》云："十方佛土中，唯有一乘法，无二亦无三，除佛方便说。"言无二者，若望菩萨，即无缘觉。言无三者，若望缘

① 三阶教将佛教分为三个阶段，第一阶为正法时期，修一乘佛法；第二阶为像法时期，修三乘佛法；第三阶为末法时期，以前所修一乘、三乘之法均已无效，只能修行普法才能成功。但其创始人信行比丘又自称一乘菩萨。此处所问，应是疑三阶教与念佛法门到底谁是一乘。

② "答曰"二字今补。

觉，即无声闻。又言无二者，若望佛说，即一乘，无声闻、缘觉。何以故？二乘极果，大乘初地，所以言无二。言无三者，即无菩萨乘，为十地因果未极故，所以无三。准《法华经》中："唯有一佛乘，息处故说二。今为汝说实，汝所得非灭。为佛一切智，当发大精进。"故知佛者，觉满果圆，超诸地位，是最上乘，称究竟位，是名一乘，实非余乘之所及也。故大行和尚当在之日，亦有数个三阶，舍三阶法，归依和尚念佛。

二、念佛对弥勒门

问：念阿弥陀佛功德，多少念于弥勒？

答：念阿弥陀佛功德，多于念弥勒百千万倍。何以得知？准经中说，阿弥陀佛现是觉圆果满，超诸地位，所称念者功德最多。弥勒现是菩萨位中，未超诸地，果未圆故，称念之者功德狭少。

问：何故不念弥勒，生兜率天？云何念阿弥陀佛，往生净土？

答：为兜率天不出三界，天报既尽，还堕阎浮提，所以不愿生天。若往生净土，出过三界，直截五道，一生彼国，直至菩提，更不堕落，所以愿生。又兜率天，少时受乐。弥陀佛国中，乐最胜故，名为极乐，长时受乐，无有限期。以是因缘，胜于兜率百千万倍。何以得知？经中所说，一则身相胜，弥陀佛国，众生生者，皆具三十二相，兜率天人则无此相。二则徒众胜，既生净土，与诸菩萨共为伴侣，受男子身，无女人相。兜率天上，男女杂居，不同菩萨。三则寿命胜。兜率天上，寿命四千岁已，还复却来重堕阎浮提。弥陀佛国，一去直至佛果，更不再来。四则神通胜，弥陀佛国菩萨，总六神通。兜率天上，人无神通。五则果报胜，弥陀佛国众生，衣服饮食，香花璎珞，一切供具，自然化成，不须造作，长时受用，无有穷尽。兜率天上，造作方成，纵有自然衣服，不得多时。四千岁已，命欲终时，有五衰相：一则头上花萎，二则腋下汗出，三者起坐不定，四者气力衰微，诸天免其眷属，五者多诸掉举。不如极乐世界百千万倍。

问：当来弥勒下生之时，三会说法，度诸众生，得阿罗汉果，何以不愿求生？云何求生弥陀佛国？

答：弥勒未下生来，不可待得。何以得知？经中所说，释迦牟尼佛入涅槃后，经五十六亿七千万岁，然始下生。人寿八万四千岁时，弥勒乃出。准《法王本记》，释迦涅槃以来，始有一千七百余年。全未拟来，不可候待。众生命短，恐沉苦海，多劫受殃，不值弥勒。唯阿弥陀佛现在说法，住极乐世界，广度众生。归依西方，早证道果，胜于弥勒百千万倍。设值弥勒三会说法，广度诸人，得阿罗汉小乘极果，若望大乘，始到初地。亿亿众生，不逢弥勒佛，念阿弥陀佛，求生净土，即是八地以上菩萨。疾则一念十念，迟则一日七日，称念阿弥陀佛，即生净土，实过弥勒百千万倍。

又复本师说《弥陀经》之日，弥勒菩萨亦在会中，阿逸多菩萨是也。弥勒尚念阿弥陀佛，何况未来诸众生岂不念耶？大行和尚在日，数个弥勒业人回心念阿弥陀佛。

又念佛法，准佛经教，后末法时，诸法总灭，特此念佛正法止住百年，教化众生。故知念佛不可思议。

三、念佛对坐禅门

问：念阿弥陀佛，何如坐禅看心，作无生观？

答：念阿弥陀佛，往生净土，速成佛果，胜于无生观门百千万倍。何以得知？准《维摩经》言："譬如虚空，造立宫室，终不能成。地上造作，随意无碍。"无生看心亦如是。何以故？无生即是无相，无相即是虚空，所以难成。念佛之法，事理双修，犹如地上造立宫室，所以易成。如贫人少乏财宝，学他王家造立舍宅，虽办得少分材木，从生至死，终不能成。后时材木烂坏，虚费功程，无有成就。无生亦尔，为功德法财不得成就，枉用功夫，无有成益。念佛法门则不如是，由念佛一口，灭除八十亿劫生死之罪，还得八十亿劫微妙功德。如富儿造宅，立便成就。所以《观经》云："然彼如来宿愿力故，有忆想者，必得成就。"不同无生。何以故？又《法华经》云："大通智胜佛，十劫坐道场，佛法不现前，不得成佛道。"不现前者，即是无生。既是十劫不得成佛，故知成佛迟。如念佛迟则七日，疾则一日，速生净土，即是八地以上菩萨，何以故？乘佛愿力故。

问：看心功德，多少于念佛功德？

答：看心功德少于念佛功德百千万倍。何以知之？准《观经》云，念佛一口，灭八十亿劫生死之罪，得八十亿劫微妙功德。一度看心，未知灭几许罪，得几许功德？不言灭几亿生死之罪，地狱悉灭，往生净土。故知少于念佛功德百千万倍。

问：念佛往生，得何果报？无生观成，得何果报？二种何者为胜？

答：念佛往生，得三十二相，具六神通，长生不死，超过三界，直至成佛，更不堕落。菩萨圣众共为伴侣，阿弥陀佛亲自说法。无生观成，生长寿天，经八万大劫，还堕恶道。无生观，万中无一得成就者，为不时宜。假令得成，生长寿天，不出三界。克实而论，不如净土百千万倍。

问曰：准无生观，唯遣看心，其心为赤为白，为青为黄？观者为当成不成？

答曰：无生看心，非青非白，非赤非黄，亦不言成不成。心不相貌，复无成就，虚费功夫，徒劳何益。难云：看心之时即得成佛者，看衣即得暖，看食应得饱，看金应得宝用。看心之时亦得道者，看衣不着不废寒。看心之时亦不得果。

又准《像法决疑经》说，坐禅不是末法时。何以故？彼经云：佛灭度后，正法五百年，持戒坚固；像法一千年，禅定坚固；末法一万年，念佛得坚固。准《法王本记》，入末法来二百余年，是念佛时，不是坐禅时。所以大行和尚在日，数个禅师门徒从和尚教授，回心念佛者多。

四、念佛对讲说门

问：念阿弥陀佛功德，多少于闻经功德？

答：念佛功德多于闻经功德百千万倍。何以得知？《观经》下品上生人，无恶不作，由造恶故，命欲终时，地狱众火一时俱至，遇善知识为说十二部经，彼人闻已，灭除千劫等罪。闻经力小，地狱犹未灭。得智者教，念阿弥陀佛十口，灭除八十亿劫生死之罪。

问：读经功德，多少于念佛功德？

答：读经功德亦少于念佛功德。大行和尚说："不念佛修行，读经犹如读药方。"念佛犹如服药。读药方，病即难除。服药，病则易瘥。读经修道功德，亦少于念佛功德。念佛正是修道，以此事故，功德最多。

问：讲经功德，多少于念佛功德？

答：讲经功德亦少于念佛功德百千万倍。何以故？讲经犹如数宝，念佛犹如用宝。数宝虽多，不除贫苦，不言灭罪，不言得功德。用宝虽不多，能济身命，得功德无量。明知少于念佛功德百千万倍。

又讲经如磨石，虽获少分利益，尽与他人，自损无量，为受礼拜供养，大损果报。所以论云："譬如贫穷人，昼夜数他宝，自无半钱分，多闻亦如是。”故知讲经功德亦少于念佛功德百千万倍。何以得知？如《唯识论》，多破计我。讲论之者，口虽说法，心多计我，不起我者万中无一。所以《法华经》云：“我慢自矜高，谄曲心不实，于千万亿劫，不闻佛名字，亦不闻正法，如是人难度。”由是事故，讲论不如念佛百千万倍。所以上世有怀感法师、智仁法师、蕴法师，皆舍讲论，同归念佛。

五、念佛对戒律门

问：念佛功德，多少于持二百五十戒、五百戒等功德？

答：念佛功德多于持戒功德百千万倍。何以得知？准经说，持戒证小果，始到初地。准《弥陀经》，若一日七日念阿弥陀佛，往生净土，即是八地以上菩萨。所以经云：“众生生者，皆是阿鞞跋致。”故知功德多于持戒功德百千万倍。

又准经中说，如今不是持戒时，是念佛时。何以得知？准《像法决疑经》说，本师灭度，正法五百年，持戒得坚固；像法一千年，坐禅得坚固；末法一万年，念佛得坚固。自从佛入涅槃以来，准释迦碑文，已有一千七百余年，入末法来二百余年。故知是念佛时，不是持戒时。纵有持戒者，准戒经文，即得名誉及利养，死得生天上，无证得阿罗汉果。纵得生天，不出三界。就持戒人中，万个无一具戒者。何以故？为戒细人粗，数多难持。若望念佛，数少易行，得多功德。

问：念佛得益，多少于持戒得益？

答：念佛能益无损，持戒损多益少。何以得知？准《目连问经》，破初篇戒，取长寿诸天，计人间九百一十五俱胝六百万岁，堕地狱。准戒文中，有五篇七聚。依校量，第一篇重校量第二篇一倍，第二篇重校量第三篇一倍，第三篇重校量第四篇一倍，第四篇重校量第五篇一倍。第五篇最轻，犯突吉罗，九百万岁堕地狱中，一夜不忏者，舍本利。准破戒罪无量无边，持戒万中无一，故知损多益少。念佛一口，除八十亿劫生死之罪。所以有破戒罪，念阿弥陀佛，总得除灭。何以得知？准《观经》文，下品中生人，或有众生，毁犯五戒、八戒及具足戒，如此愚人，应堕地狱，经历多劫，受苦无穷。临命终时，遇善知识为说阿弥陀佛十力威德，为赞彼佛光明神力，教令念佛。彼人闻已，灭除八十亿劫生死之罪，往生净土。故知破戒罪亦得消灭。又准《群疑论》中说："破戒者护，失道者导，盲冥者眼。"故知念佛纯益无损。承前北都有律师舍戒律业，回心念佛，往生西方极乐世界。准《观经》中说言，中三品人，律师念佛，往生净土。故知念佛门，持戒苦行不及也。

六、念佛对六度门

问：念佛功德，多少于六波罗蜜？

答：念佛功德多六波罗蜜百千万倍。何以得知？准《维摩经》说，念定总持人，自求生净土，总得往生，一切不问。

问曰：有人复疑念佛犹如口打鼓，如何解释？

答曰：亦如口打鼓。何以？因口诵心记，乃打由成。若无心口，无由得成。念佛亦尔，心信口称，乃生净土，速证无上菩提。若无心口，无由往生，所以如口打鼓。

问：何故不念本师释迦，但念阿弥陀佛？

答曰：念弥陀者，本师教念，然始观修。犹如父母生得子已，遂付师教，学问乃成，皆由师立。弥陀亦尔。本师说经，殷勤劝念阿弥陀佛，令生净土，早证菩提。将念佛名，称为难事。本师自说，我行此念阿弥陀佛难事，得无上菩提。本师释迦，自亦念佛，劝汝等一切众生，若能称念阿弥陀佛，定生净土，早证菩提，是为甚难稀有之事。本师遣念阿弥陀佛。

又复念佛，犹如父母，多诸子息，当居俭处。将去遂丰，然始养得，不被饿死。本师亦尔，为娑婆浊恶，不堪久住，恐畏沉沦，堕于地狱。将诸众生，同归净土，受诸快乐，不被沉沦。是故偏令思念阿弥陀佛，不念本师。非但释迦因念佛得成佛，十方三世诸佛皆因念佛三昧当得成佛。故《月灯三昧经》云："十方三世一切过去、未来及现在佛，皆学念佛，速证无上菩提。"故知三世诸佛，皆因念佛当得成佛。

问曰：何故不念十方诸佛，偏念阿弥陀佛？

答曰：现在十方佛中，弥陀最胜、最尊、最慈。又十方佛中，弥陀佛与众生结缘最深。于现在十方佛中，弥陀佛愿力摄众生最多。又十方佛净土中，弥陀佛净土最好，韦提希等选得。又十方净土中，弥陀净土最近。十方诸佛名号中，念阿弥陀佛名号功德最多。所以专念弥陀佛，不念余佛。

问曰：何故念佛是一法，乃能广摄诸门？

答曰：念佛虽是一法，定能广摄诸门。何以得知？举喻释者，念佛犹如如意宝珠，虽是一个宝珠，能摄一切宝物。故《法华经》中说，龙女为献宝珠，速得成佛。虽是一法，增长一切功德，感得生净土，速证无上菩提，一法包含一切法。所以《维摩经》云："念定即总持，包含一切法。"故一法中乃含诸法。

第十一、念佛出三界门

问曰：净土为出三界，为在三界中？

答曰：净土定出三界，不在三界之中。

既言三界，何等为三？一者欲界，从此阎浮，上至六天，总名欲界。二者色界，六天以上，梵众天等一十八天，名为色界。三者无色界，又有四天，空处乃至非想非非想处天等，总名无色界。又复三界，向上非非想处二十八天，向下即是无间地狱。人在中间住，犹如牢狱之中相似。所以《法华经》云："三界无安，犹如火宅。""常有生老病死忧患，如是等火，炽然不息。"是故韦提希，厌娑婆世界五浊恶处。何等为五？一者劫浊，谓疫病、饥馑、刀兵等劫。二者烦恼浊，一切众生多诸烦恼。三者命浊，寿命短促。四者见浊，诽谤不信。五者众生浊，无其人行，又有地狱、饿鬼、畜生盈满，不善聚集。是故遣厌，欣乐西方极乐世界。所以经云："能于三界狱，勉出诸众生。普智天人尊，哀愍群盲类，能开甘露门，广度于一切。"

又论云："超出三界狱，目如青莲叶，声闻众无数，是故稽首礼。"又《往生论》云："观彼世界相，胜过三界道，究竟如虚空，广大无边际。"又准《群疑论》中说："净土竖超三界，横截五道，一得往生，更不堕三界牢狱，直至无上菩提。"故知弥陀净土，定离三界，不在三界之中，所以念佛法门顿出三界。

若欲念阿弥陀佛，速生净土者，要须三业成就：第一、心唯有信，第二、口唯有念，第三、身唯有敬。不问有人无人，尊卑老少，昼夜常不懈慢，名为敬成就。不议他人长短，说食数宝，唯口念佛，声声不绝，名为念成就。不堕贪瞋等烦恼，及斗乱打骂、怨恨嫉妒、杀盗淫妄，是堕三途因，与念佛法不相应故。唯有信念佛，不拣道俗，不问男女贵贱，不问罪有轻重，唯信为本。若成就者，万病皆瘥，不假世间医药。万善自成，不假世间经教，顿能成就。其万善成事，非是已能，亦非修行力。若据经文，从凡位至初地，经一大阿僧祇劫。若三宝力，不假多劫。又依经文，闻说阿弥陀佛，乃至一心一念欢喜踊跃，志心回向，即得往生，住不退地。

《法华经》云："诸有智者，以譬喻得解。"世间之中，唯有母力能令其子身得安隐。出世间中，唯有诸佛能令众生出三界苦，得生净土，见佛闻法。又依经文，佛有慈、悲、喜、舍。慈能与乐，悲能拔苦。不问地狱、饿鬼、畜生及人中苦，若问即不名大慈悲。又如其母，世间之母，于子有种种苦，终不辞劳，无疲倦，以乐为本。岂容诸佛大圣大悲，不问怨亲，道俗男女，平等普皆救。救护何等苦？世间之苦，与地狱苦，百千万倍，诸佛即救。况人中极轻，若不相救，即与经教相违。

人中诸苦，发心悔过，作诸戒行，作诸功德，诸苦顿除。信始成就，生死退失，委知地狱不再入。人中诸苦，若即不灭，病即不瘥。千无一信者，纵有信者，不过旬月，寻即还退。以不见经文，不知未来之苦，其心不定，现在之苦，复不得灭，众生谤起。

又依经文，现在之苦定灭，未来之苦必无。今现世人，有诵得经者，及有异行，与国王相应者，头发即落，袈裟着身，亦无戒行。在世间内，上至国王，下至父母，皆反致敬，是谁之力？尽岂不是三宝之力？世间之内，亦有不问贵贱男女，皆令自在，衣食自然，见者恭敬，不辞劳倦。以是义故，当知是三宝之力。唯信乃知，不信之人，如盲如聋，等无有异。故知念佛之人，声声不绝，无病不瘥，无罪不灭，定不惊怕，亦不转退。日日之中，心眼自开，转加作意，并与经教相应。行住坐卧，心终不散，亦不失威仪。纵闻诸经论，并与心行相应，转加欢喜，递相接引有信之人，如母救子，不辞劳倦。无信之人，宁当噤口而死，不得出言，令他起谤。非是谤人，直谤于佛。

当说《弥陀经》时，释迦难解之法，为一切众生说。若有信者，是六方诸佛知甚难信之法，恐后众生生疑谤，故舒舌作证，表此经文定不虚妄。又闻此近来诸行者等，咸生惊疑，及有诽谤者。以是义故，诸佛再三悬知末法世不信众生："若有信者，一切诸佛共所护念。"自不信佛语，自无善可得住不退转地。皆《弥陀经》语。若不作业，自障圣道。彼此经教，皆是佛说自修行之教，善神护助之法。深生信敬，修行不舍，诸佛护助，复是诸佛本愿力教。现在闻而不信，直入地狱，无有出期，岂不谬哉！

若见此经文，再三思量，审有经教，方始相应。念佛戒行断除法门，但能决定深信，至诚不退者，念念不绝，声声唤佛，不问道俗，贵贱贫富，好丑男女，罪有轻重，唯取信心成就。若不信诸佛慈悲，纵是父母，亦无救处，不得往生。唯有信心成就。诸佛常住不灭，亦无退转。信佛大圣，一切贤圣，最上、最胜、最大，是名世尊。不问过去、未来、现在，所有众生，不问大小善恶之心，多少皆知。若有人信佛大慈大悲，能救众生。过去、未来、现在所有众多恶业罪障，发心悔过。并悉知之，寻即往救，亦不过时度，名为大慈大悲。如世间母，见子在粪秽中，及饥寒苦痛，终不再离，名为慈悲母，在世之人，无能报母恩德。是小慈母，于子尚不辞疲倦。诸佛大慈大悲，与救百千万倍，不唯救世间之苦，能救生死大苦，是故世间有能信者即救，亦不问罪有轻重。

谨依《法华经》文，佛言："一切众生，皆是吾子，我则是父。汝等累劫众苦所烧，我皆济拔，令出三界。"又不问道俗、男女、贵贱、老少、好丑、贫富，及罪轻重。以是义故，唯论信者，能悔过者，深信成就，声声不绝，念佛名字，经云一切诸佛共所护念，皆得不退转。又云难信稀有之法。唯取信心，不云罪人，亦不得言女人不得往生，唯论信者。若是戒行成就者皆悉往生，即非难信，亦非稀有。善男子、善女人，能信不昧，不问罪有轻重，是病皆除，是罪皆灭。不论远近，唯取信心，顿断疑惑，顿觉念佛，如母救子。故名难信稀有之法。

说此经时，六方恒河沙诸佛，各各出舌证明。即知过去、未来、现在，众生闻者，并皆生疑起谤，不信佛有如是力，故言难信稀有之法。是恒沙诸佛，并皆舒舌，遍覆三千大千世界，为作证明。有能信者，不言怨亲。《观经》云，念一口阿弥陀佛，灭八十亿劫生死之罪。又经云，一切诸佛共所护念。诸佛慈悲，等心普救，不问道俗，悔过、回向、发愿，定不过时，是名诸佛平等救众生。念若成就，无罪不灭，无病不瘥，无苦不除，无忧不喜，惊怕之者，寻即自定。昼夜精进，忍辱成就，戒即不破，睡即策勤，亦不疲倦。所出言语，一依正教，令人乐闻。所行之行，故用孝养之人皆仿习。如是等中，心贞志节，自在无碍，非是己能修习力，皆是世尊慈悲力也。若有人闻，即悔即学，即行即念佛，是诸佛力。能信之人，方始觉知。

第一身业，不得杀、盗、淫，亦不得打害他一切众生。亦不得触世间细滑好花、绫罗锦绣、缯彩绯紫等，纵逢严寒，随寒即死，终不再着。此物能障当来业道，能沉没苦海，能令世间疑谤，亦令人怨恨，令人起爱心。女子着好衣，出入游行，好涂妆粉，令放逸多男子数数频看不舍。父母多忧，便起瞋怒。兄弟怀愁，起大瞋怒。世人略见，即生疑谤。师僧若见，即破净戒。贼人见时，即起盗心。如是等障，皆好衣过患，不可尽说。若是孝行者，至死不着好衣，孝行俱成。身行正行，礼赞不亏。回旋出入，不得摆手急行，亦不得回头反视，亦不得抑睛戾眼。若坐，不得舒脚，亦不得托地，不得攲睡倚物，唯老病不在此例。若论眠时，不得脱衣服，亦不得仰眠、舒脚及语，此是放逸懈怠，唯除老病，及困时，即暂得。苦励策勤，晚眠早起，日日如健，神情变利，智慧日日增。若不行依，即名放逸不信之人，罪复不灭，万事不成，何况病苦，亦不得往生。

第二口业，不得饮酒食肉，及五辛、糟醋、酒酵、麨面、乳酪、酥蜜、粳糯、世间上味饭食。如是等食，纵逢大饥，宁当忍饥即死，更不再食。杀盗淫妄语、嫉妒语、瞋恚语、我慢语、欺凌语、怨恨语、疑谤语、求财语、两舌语、说他人长短斗乱语、谄曲语、毁呰愚痴语、恶咒语，如是等语，若欲说时，无有尽期。但是闻人善恶言语，皆不得说，此是无尽无益斗诤，语多着魔，亦令人病发。若不再说，与佛教相应。不劳读经书，唯加念佛，行住坐卧，不碍生活，声声不绝，念佛不移，唯急唤大作声，复须分明道字。此教犹如小儿唤母，急急不得散。外去恶缘，此是定心坐禅念佛。定各有多门，道俗但得心清净，不问男女贵贱，唯取信敬孝养之人，但能皆得病苦消灭，道业成就。以是义故，六方诸佛出广长舌相，证明不虚，又云："能信专念不舍之人，一切诸佛共所护念。"此是《弥陀经》文，现在流行，处处不绝。

第三意业，不得非理贪痴，不得心生疑谤，不得心生诅诟怨，不得心生杀盗淫妄想恶缘，不得心生我慢贡高，轻蔑他人，自是非他，耽财爱色。若起如是之心，放逸自恣，诈瞋虚喜，不实之心，诸佛必知，不来相救。如有道俗，贵贱贫富，皆须平等，不问怨亲，与佛教相应。若无此心，发露忏悔，尽形为期，死生不移。如是等人，前念回向，后念即觉。如子忆母养子不辞劳倦，不避辛苦，寻即往看。若能如是者，始大慈悲，意业清净，平等如虚空。

三业六根，如是等行，依戒律，如法修行。所违触者，不可一一具陈。唯愿正念，慈悲回向，深信决定，至诚不退。若与言教不相应，纵令念佛，共不能救，罪亦不灭，病苦难除。贪财败德，及祸之基。取之非理，为恶之本。一切恶誓愿断，一切善誓愿修，恒沙功德誓愿满，无上佛道誓愿成。

弟子（某甲）等，稽首和南尽虚空遍法界一切诸佛、十二部经、诸大菩萨、声闻、缘觉、一切贤圣，受弟子等请，来入道场，证明弟子。今日今时，蒙善知识教，弟子发露忏悔，未觉悟时，及觉悟以来，于其中间，三业造罪。身业不善，杀害众生，不可知数；偷盗财物，广若恒沙；淫欲炽盛，污诸净行。口业不善，妄语、绮语、恶口、两舌，诽谤三宝，斗乱无边。意业不善，贪名求利，如海吞流；瞋恚猛火，烧诸功德。十恶业罪，无明所作。自作教他，见闻随喜，无问大小，不敢覆藏，今总忏悔。愿佛慈悲，证明摄受，莫违人愿。今日今时，所忏诸罪，随忏即灭。弟子持此念佛功德，报恩家债主恩，受取功德，近相舍离，同生净土。志心归命顶礼阿弥陀佛。

从来生死界，未识佛僧时，
所造众恶业，因此愿消灭。
尘含佛刹土，刹中过现佛，
我以三业净，久住刹舍中。
凡圣虔诚者，皆知净国土，
喜心咸顶礼，普礼念佛人。
书此念佛镜，喜集无上因，
回向众生类，共生安乐国。
从今至圆满，在在受生时，
常忆于宿命，不转念佛人。

净土往生不易闻，顿超沙劫证玄门，
子呼慈父须来生，但虑称心恐不真。

修西方十二时

平旦寅，被衣出户整心神，合掌焚香望极乐，殷勤遥礼紫金身。
日出卯，不应念佛论多少，安在专心系一缘，勿为妄境相侵扰。
食时辰，念佛先须伏我人，若将念佛恃人我，何始何成净土因？
禺中巳，进修净土须决志，如餐甘露自知甜，且莫谤人道不是。
正南午，想念吾师如目睹，无边业障自然消，岂要云为枉辛苦？
日昳未，浩浩生死诚堪畏，不取西方速疾门，尘沙劫海须沉坠。
晡时申，急急须持净土因，阒健不能勤念佛，一朝虚作世间尘。
日没酉，想知光景何能久，看看无常即到来，莫教佛字离心口。
黄昏戌，勿使身心多过失，十恶虽然亦往生，何如上品莲开疾？
人定亥，深心念佛真三昧，十地高人尚尔修，将知不信宁非罪？
夜半子，朝朝念佛常如此，皆乘莲花一往生，从兹决定无生死。
鸡鸣丑，壮盛俄然即衰朽，忙忙刹海更无亲，唯有弥陀独招手。

修西方十劝

劝君一，长时念佛须真实，归依佛语莫生疑，制护心猿无放逸。
劝君二，唯思念佛无余事，澄心决定愿西方，临终自见如来至。
劝君三，念佛先须断爱贪，临终心净见如来，似月清光照碧潭。

劝君四，莫令念佛心移志，临终极乐宝花迎，观音势至俱来至。
劝君五，莫辞念佛多辛苦，思惟长劫生死轮，更向何人求出路？
劝君六，念佛时中恒相续，假使不念顺凡情，何日得离生死狱？
劝君七，念佛莫令三业失，专专敬礼愿西方，去见弥陀无上日。
劝君八，教修念佛牟尼法，应须遵奉本师言，命尽得往弥陀刹。
劝君九，念佛真心为上首，临终化佛共来迎，七宝莲花随愿诱。
劝君十，念佛常须心口急，思量业海苦轮深，生死忙忙悔难及。

重锲《念佛镜》叙

象纬丽天，晃曜莫逾于桂魄。波澜疏河，源流悉汇于沧溟。是以万法唯心，功实存于一念。千车合辙，道不出乎总持。具最胜之妙门，脱轮回之捷径，其唯念佛乎！盖自弥陀刹现，慈航超积劫之沦。净土门开，法界结无遮之会。势至念之，而证圆通。能仁称之，而悲堪忍。大海会同归，宝树林中摇众乐。十八贤共社，白莲香里显真宗。悲智双行，圣凡俱摄。盖医王护世，仙方道诀皆靡。慧日当空，黑室昏衢顿破。变世界为黄金，位登不退。坐莲花而见佛，果证无生。譬夫九曲明珠，虽寸丝而可贯。百川众味，尝一滴以皆通。欲枯业海，须念弥陀。彼教网森罗，博之颇难契理。禅那寂照，修之恐涉歧途。岂若系念彼佛，不劳弹指到西方？如贤欲弘法施，用广是书，乃募赀于檀那，以重辉于剞劂。极知固陋，滥赘其文云。万历癸丑春众花现瑞日，莲山国欢崇福禅院释子如贤和南谨识。

唯心净土宜承当，自性弥陀触处彰，
无苦无忧真极乐，勿憎勿爱即西方。
恒沙功德本来具，妙宝庄严不可量，
好个主人无量寿，见闻声色露堂堂。